AF279938

für dave

christina k. noyce

unvertonte gedanken

Bibliographische Information der Deutschen
Nationalbibliothek
Die Deutsche Nationalbibliothek verzeichnet diese
Publikation in der Deutschen Nationalbibliographie;
detaillierte bibliographische Daten sind im Internet
über http://dnb.d-nb.de abrufbar.

© Christina K. Noyce
Herstellung und Verlag: Books On Demand GmbH
Norderstedt
ISBN 978-3-837-01124-1

der anfang das ende
und alles dazwischen
the beginning the end
and everything between

von sternen
about stars

in meiner seele ist nur lärm
in my soul is just noise

kitschige liebeslieder
corny lovesongs

der anfang
das ende
und alles dazwischen

the beginning
the end
and everything between

the mirror

why should i wanna be an angel
and feel the wind in my wings
when i can be a woman
and feel your breath on my skin

why do you want to lit my cigarette
with a star from the heaven above
just stay here with me on the ground
and pass me matches or a lighter

don´t ever ask me what you already know
and don´t ever tell me what i don´t wanna hear

please don't promise me eternal love
just make me feel safe and secure
and promise yourself not to lie
when you tell me that you need me

you don't have to swear to the moon
that you'll be faithful 'til the end
just swear to yourself in the night
that you gonna try it

don´t ever ask me what you already know
and don´t ever tell me what i don´t wanna hear

don´t ever ask me what you already know
and don´t ever tell me what i don´t wanna hear

and when will you ever notice
that your best friend shouldn't be
the one who's looking at you
when you stare into the mirror

the cave dweller (07/97)

feeling myself living in a cave
sometimes sitting often lying
but most of the time crawling on my knees
along in this fuckin´ dark cave

feeling my body hurting again
when i try to creep along the floor
exhausted by the dampness
and the cold of the walls
when i scratch over them
with my fingernails

once i saw a flickering
in a long forgotten corner
seemed like a small candlelight
but as i moved toward
and tried to reach it
deadly darkness overwhelmed me again

and i can´t and i won´t
remember the daylight
cause i figured out
that the night is my life
and it also will be my death
so i´ll live here
in the expectation of my end

but if you´re trying to find me
search in every dark corner in the world
but maybe you don´t have to reach that far
cause i´m sure there´s such a cave
also in you

why?

warum muss ich mir
auf diesem weg eingestehen
dass er tot ist
und du nur ein billiger abklatsch

ich kenne dich seit du ein baby warst
ich sah dich im fernsehen
wie dein vater mit dir spielte
du sahst so süß aus

it´s such a long time ago
when he passed away
and you and your mother were left alone
i never ever will like her

i saw you at some photos
but i never thought
i could really meet you
but tonight you were on stage
and i was in the front row

ich wollte dich berühren
um ein stück von ihm zu berühren
aber es war unmöglich
du warst zu weit weg

first i was screaming and crying
but as i got calmer
i had to face the truth
that you are just johns son

anders als die anderen

samstag 7. februar zu mittag
ich habe es gerade im radio gehört
wieso schon wieder ???
so jung - kurz vor deinem geburtstag
ich bin so traurig
und kann mir nicht erklären warum

ich kannte dich nicht
bloß deine großen hits
doch verstanden habe ich sie nicht
ich war noch zu jung
und du auf deinem nachtflug

der popstar der achtziger
um den es in den neunzigern ruhig wurde
... war ja alles schon da ...
ironie !!!

jetzt
wo du dein comeback starten wolltest
jetzt
wo du deine probleme in den griff bekamst
jetzt
wo du dich selbst leiden konntest
jetzt ... jetzt bist du tot !!!

zu beginn warst du der kommissar
dann ein held von heute
doch erst nach den jungen römern
wurdest du zum amadeus
und die ganze welt liebte dich

klar dass du bald nicht mehr wusstest
was du wann und wo sein kannst
sollst
darfst
willst
es hat lange gedauert
um alles in ordnung zu bringen
und nun ... nun bist du tot !!!

doch ich zweifle nicht daran
dass dies alles
einen wichtigen grund hatte

deine songs leben in jedem weiter
der sie hört
und vielleicht hörst du
in zukunft diese lieder
und erinnerst dich deiner

ich tue es
danke
wofür auch immer

(h. h.)

your grave
dein grab
a little brown cross
ein holzkreuz zfh
sunshine
the whole day long
da hättest es schön warm
wennst dort wärst

einen kranz von toni
er wünscht dir good luck
auch einer von einem fan
daneben der von tante mitzi
virtuality indeed
reality even not at the end

jeden tag more and more blumen
flowers überall
die wiener morbidität kommt zutage
fremde lesen briefe von noch fremderen
strangers
also to you
ich keine ausnahme

die einen trauern
die anderen werden durch diese
trauer traurig
with tears in their eyes and voices

mir wird kalt
this pain you know
i wanna feel
nothing nihil nichts

kann es sein
dass sie dich vergessen werden?
ja
dann und wann
kann das der fall sein

but be sure
those who understood you
werden dich auf ewig und forever
in erinnerung behalten

wie hast du so schön gefragt?
wer da wen verloren hat?

i know the answer
wir haben dich verloren
und dadurch wiedergefunden
too much irony in this life
and especially in death

well
alles was ich dir sagen möchte
wäre sinnlos
sinnlos
es auch allen anderen zu sagen
you know it anyway

just take care
dass du da oben
wo du so hoch wie nie bist
nicht über zu viele
weiße wölkchen stolperst

my fingernails

i do not feel
what you feel
whilst touching me
i do not see
what you see
whilst looking at me

you open my heart
with one plain sigh
and my noiseless tears
are all you can see

als ich dich das erste mal sah
i recognized that you´re one of that kind
der in die augen eines mädchens sieht
and thinks about pulling her shirt off

then in our first night
you were drunken and i was stoned
you lay heavy on my body
i felt your loud and fast breath

i imagined my fingernails were of steal
so i could stack them into your back
and rip it into shreds
rip you into stripes
stück für stück

nun wird dein atem endlich
schwächer und immer leiser
bis dein blut aufhört zu rinnen
und in deinen offenen adern austrocknet

playing games

i was jealous of your long hair
your pale and perfect skin
your knowledge
your money
your past
your future

but now i´m not jealous anymore
cause now you´re dead
i cut your hair and your skin
ate your brain and took your money

on that special night
you asked me to go out
and i repeated
no honey
we don´t go anywhere

later when you lay on your bed
with your favourite chains
around your ankles and wrists
you stared at me full of hopes

ich sah dich noch einmal an
deinen körper im kerzenlicht
du sagtest immer es sei nur ein spiel
aber dieses mal mache ich die regeln

so i went naked into your kitchen
and without making a sound
i took the smallest knife
i could find
and returned to your bed

the bad seed

all my longings belong to you
and all your bad lies seem to be true
my anger is all that will stay
cause we will never see the next day

your mind gets blurred by thinking of me
and darkness is all that you will see
your emotions lie bare before my feet
come on and jump on the mercy seat

your hate is now my pride
and it is growing night by night
the love you killed inside
is dead since that one fight

my happy emotions are all in vain
and darkness overwhelmes me again
my life seems to fall apart
or maybe it's just your kind of art

to treat me as you need
like some grain of a bad seed
and every second it will be the same
until the truth is here to blame

and now your face is looking so sad
but maybe you are already dead
don't try to be again so brave
and let me put you inside your grave

do you know how it feels?

plötzlich ohne vorwarnung ist er da
und bricht hinein in deine kleine welt

first you feel him as a little shivering
just able to recognize in your toes

then he crawls up on your legs
höher und höher
und du wirst nervös

you hope that he stops in the middle
but no way
he gets deeper and higher

dann fühlst du ihn in deinem magen
ein mulmiges gefühl
eine krankheit

but you like it and he creeps higher
touching your breasts
and you almost get crazy

then he reaches your head
by passing your mouth
without leaving a kiss
(just *yummy*)

in deinem kopf explodiert seine stimme
funny how it all falls apart

and then you know how it feels
to listen to jarvis cocker
on your hi-fi system

being afraid of

weißt du eigentlich wie ungeheuer laut stille sein kann?
weißt du eigentlich wie weit ein moment sein kann?

i´m lying here in den silence of the night
i´m lying here in the darkness of the night
my body is aching
my bones are so heavy
i can´t move my feet
i can´t move my brain

all i try to do is thinking
but i´m afraid of being too tired
all i try to do is forgetting
but i´m afraid of being too awake

don´t forget what we had before we met

i´m lying here in the silence of the day
i´m lying here in the sunshine of the day
my mind is so empty
my head is so heavy
i can´t move my hands
i can´t move my eyes

all i try to do is getting you
but i´m afraid of losing you
all i try to do is loving you
but i´m afraid of killing myself

after all you ended up as a song

the mood

in this certain mood in which i am now
when you are too far from me
that i can´t reach you
it seems to me that you´re like sand
running through my fingers again

and the more i try to keep you
the more you disappear
and the more i try to hold you
the more you drift away

in this certain mood when i can´t stop
these endless tears
this pure love inside of me
changes into hate
cause you don´t feel my pain

and the more i try to keep you
the more you disappear
and the more i try to hold you
the more you drift away

in this certain mood i smoke 1000 cigarettes
until i feel too sick to be able to think
but that isn´t the way i wanna live
still i believe and trust
that our love will last

je mehr ich dich versuche zu halten
desto schneller verschwindest du
immer mehr und
            immer schneller
                    immer weiter weg

sehnsucht

i´m sitting here in a room full of strange faces
i´m waiting here in a room full of strange thoughts
i´m lying here in a bed full of strange desires
i´m standing here infront of you full of strange fears

zwischen uns
nichts
zwischen uns
das nichts
nicht nichts zwischen uns
sondern das nichts
zwischen uns
macht
mir
angst

wenn ich mich an meine zukunft erinnere
vergesse ich vielleicht die gegenwart
und kann mich so auf meine vergangenheit
vorbereiten

ich spielte so lange verstecken
bis ich mich selbst nicht mehr fand

zehren
zerren
nach dem zehren
sich verzehren
zerrst du nicht
ein wenig zu stark
an der verzerrung
und verzerrst damit
das wesentliche

das leben besteht
aus kleinen einsamkeiten
wie dieser hier

mit dir
und für dich
und durch dich
ganz ohne dich
zwischen dir
und in dir
und außerdem
ganz allein
wegen dir
und auch wegen mir
darf das alles nicht sein
sonst ist es
und war es
und wird es gewesen sein
für immer
du

you weren´t here the day after tomorrow
will you be here yesterday
with us
time will show

denn wenig ist wie es war
und was wird wird völlig anders sein

das einzige was wir können
ist gefühle zu zeigen
die überhaupt nicht vorhanden sind
und das einzige worüber wir reden
ist die tatsache
dass es nichts mehr zu sagen gibt

your mind is digging in unspoken wishes
and before you enter turn off the light
i don't need to see your face
i'll carry it in my soul

am i happy because you look at me
with your sad grey eyes
or am i sad because you don't speak to me
with your soft paly lips

what is lying inbetween us
that your soul doesn't suffer
my pain anymore

the sense of desire is not to find its fullfillment
because when fullfillment is reached
it kills desire

my mouth is saying to you
what my mind tells it
but what can i do
when my soul rules my mind

meine seele ist auf der suche nach dir
aber der wind ist so kalt
sie wird erfrieren

ich suchte mich selbst und fand dich

jedes gesicht und jedes leben
haben das recht auf ein gedicht

und es tut mir unendlich leid
dass ich ohne dich
glücklich(er) bin

the smell

grey and thin hair
old and wrinkled skin
vulnerable bones
slow breath
sitting in the train
travelling alone
weekend in happiness
time with his family

it means so much
to get some attention
to talk to someone
to feel still alive

he returns alone
the empty dusty flat
he survived his wife
and all good friends

christmas comes and goes
celebrations without him
where is grandpa?
nobody cares
winter spring summer
time for holidays
stench from the flat
police finds him gone

nobody cares
except the owner of the house
he wonders how to get out
this disgusting smell

von sternen

about stars

going home

going home
  don´t know where
    (it is)
  wanna go somewhere
anywhere
  everywhere
    with you
  can´t find myself
at home
  lost in old habits
    all alone
  wanna do something
anything
  everything
    with you
  find yourself gone
at home
  you went somewhere else
    with somebody else
  anybody
from now on
  forever
    you are just
  nobody
at home
  where i want to go
    what i can´t find
  can i find something
anything
  everything
    i find nothing
  without you

müde des wartens

bin so müde müde des wartens
warten auf dich auf unser leben
leben ohne dich nur worte
worte verbinden uns während wir warten

ich sufe durchs netz und suche nach fotos
fotos von dir und starre sie an
starr vor sehnsucht sehnsucht nach dir
deinem körper deiner wärme deinem halt

unbestimmtes verlangen
verlangen nach liebe
liebe wie deine
gibst du sie mir?
tausend gedanken
gedanken an dich
dich lieben küssen umarmen fühlen

wird es das geben ein gemeinsames leben?
oder nur den traum davon
jahrelanges träumen?
wollen wir das überhaupt
zusammen leben?
oder nur den traum einer gemeinsamen nacht?

soll ich ihn willst du sie etwa verlassen?
alles aufgeben
die annehmlichkeiten
den trott?
damit auch all dies uns einholt?
da möchte ich doch lieber schlafen
mit dir
und träumen

get no sleep

get no sleep   head is aching
get no sleep   bones are heavy
get no sleep   feeling old
get no sleep   feeling cold

longing for you
feeling so small
thinking of you
wanna hold you

get no sleep   hands are trembling
get no sleep   thoughts are blurred
get no sleep   skin is burning
get no sleep   have to touch you

biting my fingernails
looking at your pictures
waiting for your call
staring at the wall

get no sleep   writing some lyrics
get no sleep   listening to music
get no sleep   getting drunken
get no sleep   knocking on your door

08.05.98

als ich dich heute besuchen wollte
sagtest du nur ich bräuchte gar nicht zu kommen
da ich ständig bei dir bin
in deinen gedanken

als ich dich bat dich berühren zu dürfen
da sagtest du mit einem traurigen lächeln
ich berühre dich doch ständig an deiner seele

während du schliefst
dein gesicht mir zugedreht
berührte ich mit meiner rechten hand
deine brust und fühlte
jeden einzelnen deiner atemzüge

ich weiß dass du mich
mit deinen unterdrückten aggressionen
nicht belästigen möchtest und auch
dass ich es dir nicht immer leicht mache
auch für mich ist es nicht leicht

deine seele zu berühren ist wunderbar
und eine wichtige erfahrung
aber deinen körper zu berühren
einer der schönsten momente so mancher nacht

du batest mich heute morgen dir zu sagen
du seist der einzige mann
der es wert sei für ihn zu leben
ich erwiderte
du seist der einzige mann
der es wert sei
nicht für ihn zu sterben

du sagtest mir dass du nichts versprichst
sondern nur nimmst
gut dann verspreche ich dir auch nichts
sondern bitte dich nur mich zu nehmen
in deine arme und in dein herz

980508

as i asked to meet you
you just told me not to need so
cause i'm already there
here at any time
on your mind

as i implored to touch you
you told me with a sad smile
that i already touch you day and night
at your soul

whilst you were sleeping
your face turned to my side
i touched with my right hand your breast
and i felt every breath you took

i know that you won't bother me
with your surpressed aggressions
and that i don't help you in that point
but trust me
it's not easy for me too

touching your soul is wonderful
and an important experience
but touching your body
is the most beautiful moment of some nights

what did you mean this morning
as you asked me to tell you that
you're the only man worth living for
for me you're the only one
worth not dying for

you told me you don't promise
just take
well i won't promise you anything neither
just take me into your arms
and into your heart

or was it you?

all these things
we´ve been going through
although we were never together there
made us feel like knowing each other forever
or maybe it just wasn´t us

wir trafen uns dort auf den steinstufen
i took all my strength
and started to talk to you
ja du fragtest nach meinem tattoo
oh that was yours?

diese endlose zugfahrt
als wir uns in der dunkelheit ansahen
you were not looking at me
you talked to this guy next to me
warst das nicht du?

at our first night two days later
verliebte ich mich in deinen besten freund
do you remember this guy went crazy?
hm nein — sollte ich?
well that was me

jenen sommer verbrachte ich in griechenland
ich schickte dir eine postkarte
right i remember it was written
i love you but without a sender
so that was from you?

but finally we got together
it took us just one year
ein paar tage später wurde ich verrückt
no you were just happy
aber wieder nicht wegen dir

kurze zeit später verliebtest du dich
aber natürlich nicht in mich
this i remember definitely it wasn´t you
nein aber ich war noch immer in deinem bett
and in my heart

aber auch diese geschichte
überlebten wir beide
well you better than me
ach denkst du wirklich?
und du hattest diese andere affäre
yes cause you were in greece – again
war ich?

and now 101 years later
we´re still here together and alone
das beste was wir mit unserer zeit anfangen
ist auf jemand anders zu warten

aber sei sicher
eines morgens wirst du aufwachen
und jemanden neben dir finden
yeah and we´ll look at each other
just asking ourselves
is it really us?

geheime musik

sie alle stehen rund um die tanzfläche
die voll ist mit schweiß und bier
sie starren dich an mit augen und geist
während ihre körper erzittern

du nimmst sie nicht wahr
du fühlst nur den sound während du tanzt
mit geschlossenen augen und nasser kleidung
während dein körper zum lärm zuckt

sie beobachten deine bewegungen
und werden zu kettenrauchern
und alkoholikern
weil sie nicht akzeptieren
dass sie niemals
in dein bett kommen werden

manche versuchen neben dir zu tanzen
vortäuschend die gleiche musik zu mögen
der rest lächelt bloß blöd vor sich hin
und ich stehe daneben – und beobachte

sie denken ich sei eine von ihnen
aber die meisten kennen unser geheimnis
ich frage mich warum wir es verheimlichen
sind wir zu schwach?
zu stolz?
zu dumm?

und wenn die nacht vorüber ist
treffen wir uns draußen bei deinem auto
zu hause in der stille des morgens
bin ich die einzige die dich ansieht

während du dein shirt ausziehst
und deine augen zärtlich schließt
weiß ich dass nur eine sache wahr ist
dass sie niemals wissen werden
was es heißt dich zu lieben

secret music

they all stand around the dancefloor
which is slippy of sweat and beer
they stare at you with their eyes and minds
whilst their bodies are starting to tremble

it seems you don't see them
you feel the sound as you dance to the beat
with eyes closed and your clothes are wet
whilst your body moves jerky to the noise

they are all watching your movements
and become chain-smokers and alcoholics
cause they can't bear knowing the fact
that they'll never get into your bed

some of them try it by dancing around you
some others pretend to like your music
the rest is just smiling stupid at you
whilst i'm standing beside - just watching

maybe they think that i'm one of them
but obviously most of them know our secret
i still ask myself why we hide it
are we too weak?
too proud?
too stupid?

and when the night is over
we meet outside at your car
at home in the silence of the morning
i'm the only one who's looking at you

whilst watching you taking off your shirt
closing your eyes tenderly
i know that just one thing is real
that they'll never know
what it means to love you

just one more time

just one more time
       i want to bite into your neck
just one more time
       i want to lick your lips
just one more time
       i want to smell your skin
just one more time
       i want to see you naked

see the sunrise with you
and again the dawn

take a shower with you
and again get dirty

get drunken with you
and again get sober

get high with you
and come down again

just one more time
       i want to make you shiver
just one more time
       i want to close my eyes
just one more time
       i want to feel you inside me
just one more time
       i want to sleep next to you

see the sunrise with you
and again the dawn

take a shower with you
and again get dirty

get drunken with you
and again get sober

get high with you
and come down again

just one more time
        i want to hear your breath
just one more time
        i want to caress your soul
just one more time
        i want to wrap myself in you
just one more time
        i want to leave you

see the sunrise with you
and again the dawn

take a shower with you
and again get dirty

get drunken with you
and again get sober

get high with you
and never come down again

geständnis

fünf jahre voller leere
fünf jahre voller warten
hoffen
wünschen
verzweifeln
um erlösung beten

fünf jahre voller zufriedenheit
fünf jahre voller liebe
wissen
begehren
ersehnen
fühlen
dass die zeit reif ist

und nun sind es nur noch zehn stunden
zehn stunden irgendwie überleben
zehn stunden in träumen leben
bis die realität hereinbricht

ich gab dir meinen glauben
und meine hingabe
obwohl worte unwichtig sind
bedeutet mir jedes einzelne von dir so viel
und jeder ton trifft in meine seele
mancher zerbrach sie beinahe
so gläsern wie sie ist

aber heute nacht ist es so weit
da bekomme ich alles zurück
wenn du nur einen blick auf mich wirfst
habe ich grund genug
um weitere fünf jahre zu leben

confession

five years of emptiness
five years of waiting
hoping
longing
despairing
praying for salvation

five years of contentment
five years of love
knowing
desiring
wishing
feeling
that the time is nigh

only ten hours more
ten hours to survive somehow
ten hours for living in dreams
until reality crashes in

i gave you my faith and my devotion
although words are very unnecessary
each one you sing means so much to me
and every tune pierced into my soul
and some of them nearly broke it
as fragile as it is

but tonight the time has come
when i will get everything back
if you just once look me
i´ve got a reason
to live five years more

erlösung?

seit einer ewigkeit möchte ich dich treffen
um dich nur für einen moment zu berühren
um dir nur ein wort zu sagen
um zu wissen dass es dich wirklich gibt

all diese jahre weiß ich auch
dass du mir niemals gehören wirst
weil sterne in den himmel gehören
und ich auf der erde lebe

aber du bist ohnehin mehr als ein star
du bist mein traum
mein universum
meine muse
aber das werde ich dir wohl nie sagen
nur ein blick in deine augen
ist alles was ich brauche

heute sah ich dich nach ewigkeiten wieder
und 16.000 leute mit mir
sie riefen und kreischten
und sangen mit dir mit

erschöpft und müde ging ich in einen club
und dort geschah ein eigenartiges wunder
zwei deiner freunde waren dort
und wurden fast nicht bemerkt

ich nahm mehr als all meinen mut zusammen
und sagte einem der beiden *danke*
er nahm meine hand
und sah mir in die augen
aber er ist einfach nicht du

sie tranken bier und tanzten neben mir
und die ganze zeit über wusste ich
dass du nebenan warst
es war nur zu überfüllt für dich
um herauszukommen

aber das machte mir gar nicht soviel aus
zumindest nicht während dieser
beiden stunden
nun sitze ich noch immer hier im club
und höre deine stimme auf der tanzfläche

als die musik tiefer in mich eindringt
beginne ich dich zu vermissen
schon wieder
aber vielleicht ist es besser so
denn ohne träume sterbe ich

salvation?

since an eternity i wanna meet you
just to touch you for one moment
just to tell you one single word
just to know why i'm still living

all these years i also knew
that you will never belong to me
cause stars belong up in heaven
and the earth is were i am

but you are anyway more than a star
you are my dream
my universe
my muse
but that you will never hear from me
just one look into your eyes
is all i need

tonight i saw you again after so many years
and with me 16.000 people
they shouted and screamed
and sang along with you

exhausted and tired i went to a club
were a strange miracle happened
two of your friends were there
recognized only by a few people

i took more than all my strength
to tell one of them a big *thank you*
he took my hand
and looked into my eyes
but he just isn´t you

during the next two hours in this club
they were drinking and dancing beside me
and all the time i knew you are next door
it was just too crowded for you to come out

but it didn't matter that much to me
at least not in those short two hours
now i'm still sitting here in this club
listening to your voice on the dancefloor

as the sound sinks deeper and deeper
i start to miss you again
but maybe it's much better that way
cause without dreams i die

der klang von stille

all diese jahre war deine musik
der soundtrack meines lebens
all diese zeit waren deine worte
die untertitel meiner gedanken

mit den ersten deiner worte
my little girl
als sei es gestern gewesen
nahmst du all die leere in mir
und fülltest mich mit sehnsucht

bevor ich dich kannte
wussten meine gefühle nicht
wohin sie sollten
bis sie in einer seele ruhen konnten
in der seele deiner musik

aber von diesem moment an
war es mir völlig klar
dass dein körper nicht der war
neben dem ich schlafen würde

ich kann nicht glauben
dass es schon sechzehn jahre sind
voller lieben bewundern vermissen
mein leben veränderte sich hunderte mal
doch meine liebe zu dir blieb stets die gleiche

in manchen zeiten vergaß ich dich beinahe
und ich manchen wäre ich fast gestorben
weil ich dich nicht hörte

es ist nicht die kindliche liebe eines teenagers
vielleicht war es so am anfang
aber ich habe zu viel gesehen und erlebt
um noch immer unschuldig und jung
genannt zu werden

wie oft ich es auch versuche
ich könnte in keiner sprache
meine gefühle zu dir ausdrücken
weil worte zu banal dafür sind

jedes wort von dir
kann meine ganze welt zerstören
und jede zeile deiner songs
kann mir eine ganz andere erschaffen

gestern geschah es wieder
ich sah dich auf der bühne
und weitere 10.000 leute mit mir
nur du ich und die menge

meine liebe zu dir überflutete mich
all meine wünsche gingen in erfüllung
ich konnte jede deiner schweißperlen
auf deinem perfekten körper zählen

dein körper ist wie der
eines griechischen gottes
zu perfekt um wahr zu sein
und wenn ich dich berühren würde
würdest du wie eine seifenblase zerplatzen

du bist dazu geschaffen ein geist zu sein
niemals realität niemals wahrheit
der größte traum meines lebens

the sound of silence

all those years your music
was the soundtrack of my life
all those times your words
were the subtitels of my thoughts

with the first words you sang to me
my little girl
like it was yesterday
you took all my emptiness
and filled me with longing

before i knew you
my desires were rushing
from one place to the other
until they found a soul to rest in
the soul of your music

but also from that very moment
it was absolutely clear to me
that your body will never be
the one i can sleep next to

i can´t believe it´s sixteen years
of loving adoring missing
all my life changed one hundred times
only my love for you is still the same

for some moments
i almost forgot you
and for some moments
i couldn´t even breathe without you

it´s not the infant love of a teenager
maybe it was like this in the beginning
but i guess i saw and suffered too much
to be called still innocent and young

i tried so often to explain
my feelings for you
but no language could do this
cause words are too trivial

one word sung by your lips
can destroy my entire world
and with the next tune
you can build me a completely new

yesterday it happened again
to see you on stage
with 10.000 people around
only you me and the crowd

my love overflooded me
my wishes got all fulfilled
i could count every bead of sweat
on your perfect body

your body is like one of a greek god
too perfect to be true
and if i´d touch it
it´ll burst like a soap bubble

you are made to be
a phantom
never reality
never truth
the greatest dream of my life

in meiner seele ist nur lärm

in my soul is just noise

flight os-dl

distinguish your cigarettes
this is a non-smoking flight
nicht rauchen
nichts raucht
the non-smoking sign will be on
during the whole flight

fasten your seatbelt
though we've got a delay
immer wieder verzögerungen
while waiting please
immer wieder warten
listen to our safety-instructions
immer wieder zuhören

the oxygen-mask is over your seat
the life-vest is under your seat
look at the floor proximily lights
and follow them to the green-lighted exits
manchmal sind sie auch rot beleuchtet
dann sollte man lieber nicht
hinausgehen

in case of a water-landing the slide is a raft
if not it's still a slide

please fasten your seatbelt
take-off time in one minute

1 minute noise

make sure that no personal belongings
are left behind

k.i.p.s.e.l.i.

zwischen den sich ständig teilenden
und trotzdem vereinten
verschiedenen einzelteilen
meiner gehirnzellen
die sich nach
jahrelangem daraufhinarbeiten
noch immer nicht dazu
bereiterklärt haben
dich zu vergessen
erkenne ich ab und zu
in momenten wie diesen einsamen
und betrunkenen stunden
noch restfetzchen und -teilchen
von verschwommenen
und verschwindenden
gedanken an dich
und vergesse plötzlich alles
was ich eigentlich sagen wollte

zug eins bis drei

und zum zweiten mal ziehen alle zahnlosen und
lückenlosen aber zweigeteilten und überaus lustig
anzusehenden züge an mir vorüber

zug
zug um zug
züge ziehen
            ziehen was?
ziehen meine zeit
meine zeit wohin?
zur endstation
stimmt nicht
stimmt gar nicht   was?
züge ziehen nicht
züge werden gezogen
züge ziehen mit die zeit
aus meinem gehirn !!!

zelle um zelle   zug um zug
zeit   wohin?   verschwunden   weg

zug
zug um zug
um zug um zug um zug
umzug umzuziehen
zuziehen umziehen
umgezogen werden
werden züge gezogen?
oder zugezogen?
züge ziehen
um um um
umzug
zug

back (on) stage

and never
ever
never again
it will be
the same
when you
you
where once
once
and again
again
once
on
stage
again
and
forever
again

hunderte augen
offene staunende münder
glupschaugen
fischaugen
fixieren
starren hier her
zu mir
ich nehme nichts mehr wahr
war etwas?
es ist nicht wahr
es war nur ein traum
albtraum
bitte weckt mich
nicht !!!

colorized colours

someone asked me how it is
to dream of hydrogen peroxide

you can´t smell it
taste it
feel it
you are not even able to see it

i told him it´s like being in love
all you know is that you are

it´s also like dreaming of colours
you can´t see them
just remember them

maybe it´s like
dreaming of fall
depends on the question
what kind of fall

the fall before winter
to fall in love
to fall on one´s knees
or the fall of an angel

the fall of an angel
seems sometimes like
getting drunken with
hydrogen peroxide

someone asked me how it is
to get drunken with hydrogen peroxide

glassplitter

gedanken klirren wie glas
das am boden meiner träume zerbricht
und die scherben breiten sich aus
sie liegen verstreut in den ruinen
meiner gewohnheiten
in denen ich lebe und sterbe

kalter wind bläst durch das gestein
und die suche
nach einer längst
vergessenen erinnerung
darf niemals wirklich aufhören
in der vorhalle meiner phantasie
begegne ich den schatten
meiner zukunft
unfähig sie zu erfassen

doch bereits in dem
vermoderten innenhof
lösen sie sich in nebelschwaden auf
der staub der ewigkeit wird feucht
und verklumpt
zu immerwährender kälte
schon ein einzelner sonnenstrahl
würde die ruine in sich
zusammenstürzen lassen

doch die quelle dieser strahlen
ist vor jahrtausenden verglüht

nachttage

der genuss vernichtet stille und die erwartung ist kalt
sie hallt zwischen der versuchung und der stimme
die sich beide in die genugtuung drängen
im unterricht schläft das eis
während die stille frierend das metall stiehlt

die vielversprechende verzückung
wurde einer verzeihenden verzerrung beraubt als dies
die genusssüchtige versenkung sah
vergewaltigte sie die
vieldeutige verursachung
und die unmoralische verunglimpfung
trat daraufhin als zeuge auf

nach dieser verunglückung
die noch dazu ziemlich selbstzerstörerisch war
berauschte sich bloß noch
die heißhungrige verteidigung
an der innovativen vereinsamung

und was geschah mit dem beobachtbaren verbleib
der destruktiven verausgabung?

redend kreischen sie texte aus sich heraus
während ihr schreiend töne hört
stattdessen flüstern wir fragmente stöhnend in euch
und die lieder brüllen euch sprachfetzen
in die plaudernden ohren

doch lispelnd singen wir euch
hohle paraphrasen
in eure verblödeten gesichter
und ihr versteht es einfach nicht!

grave new world

i´m all in a sea of wonders

noch immer kreisen die satelliten
im wendekreis des fisches
wir alle befinden uns auf einem
nie enden wollenden nachtflug
durch die imagination der literatur

doch auch die ständig anwesende
und nie abschaffbare dekadenz
kann uns nicht davon abhalten
unsere namen schon heute
hell erleuchtet
am firmament strahlen zu hören

wenn wir es geschafft haben
in dieser wüste aus halbwahrheiten
und inkompetenz
eine oase zu erschaffen
in der ein pferd mit großem schwarzen hut
aus der dunkelheit kommt
und von revolution singt

dann
ja dann
und nur dann
befinden wir uns wohl nicht länger
in irgendeiner zweitklassigen
grave new world

thinking waiting longing

als ich dasitzend dasaß bemerkte ich
dass all dieses dasitzen keinen anderen zweck hatte
als einfach nur dazusitzen und dasitzend abzuwarten
dass sich jemand dazusetztum ab diesem zeitpunkt
gemeinsam dasitzend dazusitzen

die frau am bild an der wand lächelt mir zu
die hände und füße auf den anderen bildern kommen
auf mich zu und versuchen
mich zu erfassen
die ventilatoren an der decke beginnen sich mit
abwärtsbewegungen zu drehen
die gläser auf den tischen
entleeren sich von selbst
die zeitungen werden
mit geschlossenen augen gelesen
die musik beginnt sich selbst rückwärtszuspielen
die leute sprechen mit geschlossenen mündern
der barkeeper
der barkeeper
der barkeeper
und plötzlich merke ich
dass ich als einzige in diesem raum
nicht real bin
sein kann
sein will

wie können diese alles an sich reißenden
und verschlingenden blauen augen
und der das wort *gelassenheit*
aussprechende mund
bloß zu ein und demselben
gesicht gehören?

kitschige liebeslieder

corny lovesongs

himeros

being with you means
to touch the sky
without flying
to reach the depths
without diving
to feel reborn
without dying
to walk in hapiness
without arriving

can it be that my body
is shivering in the sun?
can it be that my eyes
are crying of hapiness?
can it be that
can it be
is it possible
that i'm in love?

we speak the same language
when we are silent

i looked inside of me
and found myself filled with you
i searched for a me
and found just memories of myself
i wanted a secret
which you don't know
something what i can share
with myself alone

and then i found it
love

zweiter himmel (blau)

hier liegst du nun neben mir
du drehst mir den rücken zu
die schwarz-weiß gestreifte decke
der polster
du atmest langsam und regelmäßig
schlafen? ja
aber träumen?
deine schwarzen langen haare
manche strähnen fallen dir ins gesicht
dein gesicht
so jung und so gelebt
dein schwarzes shirt
die ausgetretenen boots

die sonne scheint irgendwo draußen
hinter den geschlossenen vorhängen
es ist drei uhr nachmittags
mein kopf tut weh
zu viele zigaretten
zu viel alkohol
zu laute musik
aber schon wieder
zu wenig wahrheit
zu viel angst
und zu wenig mut

könnte ich in deine arme kriechen
könnte ich erkennen was du denkst
könnte ich fühlen was du fühlst
würde ich wissen dass ...
aber das führt zu nichts

eine kleine bewegung von dir
ich hoffe dass du aufwachst
nein wach lieber nicht auf
und lass mich neben dir schlafen
vielleicht treffen wir uns ja
in meinen träumen

warum bist du aufgewacht
und hast mich lieb begrüßt?
warum gabst du mir erneut hoffnung?
warum kannst du mich nicht
in deine arme nehmen?

wir können uns hier halten
an diesem endlosen nachmittag
den vorbeifahrenden autos zuhören
und an den blauen himmel denken
der da draußen irgendwo
wirklich existiert
aber der mir vollkommen egal ist

wenn ich nur einmal etwas länger
in deine augen schauen könnte
bräuchte ich gar keinen
zweiten blauen himmel mehr

und plötzlich fange ich nicht mehr
an zu lachen
wenn ich kitschige liebeslieder höre

second sky (blue)

well here you rest next to me
with your back turned to my side
the black and white blanket
the pillow
your breath is slow and heavy
sleeping? yes
but dreaming?
your long black hair
fell into your face
your face
so young but also old
your black t-shirt
the old boots

the sun is shining somewhere outside
behind the closed curtains
it's three o'clock in the afternoon
my head is aching
too much cigarettes
too much alcohol
too loud music
but again
not enough truth
too much fear
and not enough strength

could i crawl into your dreams
could i recognize what you think
could i feel what you feel
would i know that ...
but anyway that leads nowhere

one small movement of you
hoping that you awake
no it's better to let you sleep
please let me sleep beside you
maybe we'll meet in my dreams

why did you wake up now
and said softly *hello*?
why did you give me again some hope?
why can't you just take me
into your arms?

we hold each other
on this endless afternoon
listening to the passing cars
thinking about the blue sky
which really exists there outside
but doesn't matter to me actually

cause if i could look
just one moment into your eyes
i wouldn't need
a second blue sky

and suddenly i don't start
to laugh anymore
whilst listening to corny lovesongs

das ende

warum tut es so weh
hier vor der kapelle zu sitzen
und über das leben nachzudenken
und über die gestorbene liebe

ich glaube nicht an gott
ich glaube nicht an wunder
ich glaube an gar nichts mehr
der schmerz hat meinen glauben getötet

ist es wirklich schon zwei jahre her
dass wir uns hier kennen gelernt haben?
was geschah mit uns?
wurden wir erwachsen?

alles ist wie immer
leute plätze musik
nur kann ich mich nicht mehr
an meine liebe zu dir erinnern

es ist nicht so
dass ich nichts mehr empfinde
es gibt da noch einige gefühle
sie schmerzen mich furchtbar
aber es ist sicher nicht
liebe

ich fragte dich
ob du mein freund sein willst
weißt du noch deine antwort?
i have to avoid and to hate you!
und dann hast du die tür
hinter dir zugemacht

was mir am meisten weh tut
ist deine unfähigkeit mein freund zu sein
du willst es nicht einmal versuchen
mich zu vergessen ist alles was du willst

glaubst du wirklich
ich gebe mir die schuld
für all das?
du wirst dich schuldig fühlen
weil du den glauben an mich verloren hast

ich sage dir nun zum schluss
obwohl du es niemals hören wirst
ich werde dich niemals vergessen
den mann der mich am meisten liebte

the end

why is it so painful
to sit infront of this church
thinking about life
and the love that has gone

i don't believe in god
i don't believe in miracles
i don't believe in anything
this pain inside killed my faith

is it really two years ago
that we met here where i am now?
what happened to us?
did we get older?

every single thing is the same
people places music
just one thing disappeared
it's my love for you
which i can't recall

it's not that i feel dead inside
i know that there are some feelings
they harm me more than i can say
but definitely
it's not love

i asked you to be my friend
d'you remember what you said?
i have to avoid and to hate you!
and then you closed the door behind you

what hurts me most is
your unability of being my friend
you don't even wanna try it
just forget me is
all you want to do

do you think i'll blame myself
as time goes by?
you'll be the one who blames himself
for you lost the faith in me

all i can tell you now
although you'll never hear it
is the fact that i'll never forget you
as the man who loved me most

ein fremder

heute ist es genau zwei monate her
als ich dich das erste mal auf der gasse gehen sah
als ich dich wahrnahm
standen meine füße und mein herz still
deine anwesenheit war unglaublich
und ein unvorstellbares geheimnis

ich stand nur da und sah dich vorbei gehen
ich kann mein erstaunen nicht beschreiben
und versuche es auch gar nicht
bis letzte nacht sah ich dich jeden abend
einfach herumgehen auf diesen gassen

gestern sah ich dich wieder
und hörte dich gitarre spielen
du spieltest für geld dort auf der gasse

deine mir vertraute böse stimmung
hatte sich verändert
und ich sah dich lächeln für die leute mit geld

ich nahm all meinen mut zusammen
und bin dir gefolgt
mein herz schlug schnell
wie immer in solchen situationen
aber als du dich umgedreht hast erschrak ich
denn du hattest tränen in den augen
dort in der dunklen gasse

ich versuchte dich zu ignorieren
und ging an dir vorüber
aber dann nahm ich dich in meine arme
einen fremden in der leeren gasse

a stranger

today it's exactly two months ago
that i first saw you there on the street
as i recognized you
my feet and heart stood still
your appearance was amazing
and an incredible secret

i just stood here watching you passing by
i can't describe my astonishment
and i don't even try it
until last evening i saw you every night
just walking by on these streets

yesterday i saw you again and heard you playing guitar
you played for money there on the street

your face was different
this angry mood i always saw
had changed into a smile
for the people with money

so i took all my strength
and followed you
my heart beated fast
like always in these situations
but as you turned around it stood still
your smile had turned into tears
there on this dark street

i tried to ignore you
and wanted to pass by
but then i took you into my arms
a stranger on that empty street

grundlos eifersüchtig

in jenem moment
an dem sie mich dir vorstellte
bist du mir sofort aufgefallen
das problem war nur
dass ich dir nicht auffiel

ich erinnere mich
als sie meine beste freundin war
ich erzählte ihr alles über mich
auch meine gefühle für dich
ich stelle mir vor
wie ihr beide über mich lacht
während ihr hinterher zigaretten
im auto raucht

und nun weiß ich
dass ihr euch umarmt
ich weiß
dass ihr euch küsst
ich weiß
dass ihr sex habt
wenn ich euch den rücken zudrehe

war ich wirklich so blind
dass ich deine absichten nicht erkannte?
war ich wirklich so dumm
dass ich nicht fühlte was du wolltest?
war ich wirklich so verliebt
dass ich deine sehnsüchte nicht erkannte?
habe ich euch beiden wirklich vertraut?

jedes mal
wenn sie ausgehen wollte
lud sie dich ein
angeblich um mir einen gefallen zu tun
so ging es woche für woche
und sie machte mir immer noch vor
dass du nicht lieben kannst

aber die wahrheit ist
dass es aufregender war
hinter meinem rücken händchen zu halten
euch hinter meinem rücken anzusehen
und euch im auto zu küssen

nun sitze ich hier im dunklen zimmer
und ihr sitzt draußen im auto
genau vor meinem fenster
und sie wird lächelnd zu mir kommen
und sagen
sei nicht grundlos eifersüchtig!

jealous without a reason

from the moment
she introduced me to you
i knew that you are special
the only thing was just
that i wasn't special to you

i remember the time
when she used to be my friend
i told her everything about me
also my feelings for you
i imagine you both laughing about me
while smoking cigs
afterwards in your car

and now i know
that you hold her
i know
that you kiss her
i know
that you fuck her
when i turn my back on you

was i really so blind
that i didn't see your intentions?
was i really so stupid
that i didn't feel what you want?
was i really so in love
that i didn't notice your desires?
did i really trust you both that much?

every single time
when she wanted to go out
she told me she invited you
to do me a favour
it went on week after week
and you were told
to be still unable to love

but the truth is
that it was more exciting
to look at each other through me
to touch each other behind me
and to kiss each other in the car

now in the end
i'm sitting here in my dark room
and you are sitting together
in your car
infront of my window
and she will laugh at me saying
don't be jealous without a reason!

nur zufriedenheit

mochte ich wirklich all diese hitze?
brauchte ich wirklich all diese sonne?
wollte ich wirklich all diesen schmerz?
vermisse ich wirklich letzten sommer?

als ich weit weg war
vor einigen monaten
dachte ich
das sei alles was ich habe
die verzweiflung
das alleinsein
das missverstehen aller leute

ich war zu irritiert um zu wählen
und um mich zu entscheiden
vielleicht war es zuviel sonne
da mein herz fast ausgebrannt war

er versuchte mich zu lieben
ich versuchte ihm zu vertrauen
und zu glauben
aber wenn ich jetzt darüber nachdenke
haben wir wohl beide versagt

nach zwei langen und traurigen monaten
kehrte ich in die sogenannte realität zurück
und dann geschah etwas unerwartetes
ich fühlte mich mit jedem morgen besser

das ist wohl dem umstand zu verdanken
dass ich sehr viel unterwegs war
und betrunken

aber es könnte wohl auch
damit zu tun haben
dass ich jemand kennen lernte
schon wieder

du bist nicht wie er
in keinster weise
weder im aussehen
reden
handeln
küssen

du küsst alle meine inneren wunden fort
und für jede von ihm verursachte
danke ich dir

der sklave in mir ist fast tot
und das erbarmen
das ich für ihn hatte
stirbt mit ihm

meine schmerzhaften
und unerfüllten begehren
sind für immer begraben
unter einem gefühl genannt
zufriedenheit

just contentment

did i really like all this heat?
did i really need all this sun?
did i really want all this pain?
do i really miss the last summer?

when i was far away
some months ago
i thought that this is all i have
the despair
the loneliness
the misunderstanding of the people

i was too confused to choose
and decide what to want and to do
maybe it was just too much sun
cause my heart was almost burried out

he tried to love me
i tried to trust him
but now thinking about that situation
i guess that we both failed in doing so

after two long and sorrowful months
i decided to return into so-called reality
and then something unexpected happened
i felt better with every new morning

anyway this is not only
due to the fact
that i went out very often to drink

a possible reason could also be
that i met someone new
again

you are not like him
in no way
you don´t look
talk
act
kiss like him

you kiss away all my inner scarfs
and for each one he caused
i will thank you

the slave inside of me almost died
and the mercy i had for him
dies with him

my painful longings
and all the unfullfillment
is burried forever
by a feeling called
contentment

neben dem meer

hier sitzt er wieder auf den felsen neben dem meer
ich kenne ihn nicht
habe ihn nur vor ein paar tagen gesehen

er schaut zum himmel
ich sehe seine schultern und tattoos
seinen hals und seine haare
er trägt eine schwarze sonnebrille
ich kann seine augen nicht sehen nur fühlen
wie sie in die sonne blicken

seine schultern und sein hals sind weiß wie die felsen
seine haut ist zart und seine haare lang und schwarz
schwarz wie der schatten in meinem herzen
als er so dasitzt auf den felsen
neben dem meer

er erinnert mich an jemanden den ich einst liebte
ich denke ich liebe ihn noch immer
als ich so darüber nachdenke
weiß ich dass ich mit ihm reden muss
hier auf den felsen neben dem meer

nein ich möchte nicht mit ihm reden
ich möchte ihn umarmen
festhalten
nie wieder gehen lassen

als ich auf ihn zugehe
dreht er sich um
nimmt seine sonnebrille ab
und mit einem lächeln im gesicht erkenne ich
dass ich dich wirklich vermisst habe

by the sea

here he sits again on the rocks by the sea
i don't know him
just saw him some days ago

he's looking in the sky
i just see his shoulders and tattoos
his neck and hair
he wears black sunglasses
i can't see his eyes just feel them
as they glance into the sun

his shoulders and his neck are white as the rocks
his skin so soft and his hair so long and black
black as the shadow of my heart
as he sits here on the rocks
by the sea

he reminds me of someone i once loved
i guess i love him still
as i start to think about that fact
it comes into my mind that i wanna talk to him
here on the rocks by the sea

no not talk
i wanna hold him
take him
never let him go

as i move toward
he turns around
and takes off his sunglasses
with a smile on my face i realize
that i really missed you

manchmal

manchmal fühle ich mich wie deine mutter
wenn du in meinen armen liegst
an diesen endlosen morgen

und dann kommst du mir vor
wie mein kind
wenn du mich ansiehst
mit deinen unschuldigen augen

manchmal fühle ich mich wie deine schwester
wenn alles was du tust so vertraut ist
an diesen endlosen nachmittagen

und dann kommst du mir vor
wie mein feind
wenn ich dich hasse für all diese
unsicheren gefühle die du verursachst

manchmal fühle ich mich wie dein freund
wenn wir über alles und nichts sprechen
an diesen endlosen abenden

und dann kommst du mir vor
wie mein held
wenn du dinge tust
dich ich nie von dir angenommen hätte

aber wenn es nacht wird fühle ich
dass wir nur liebende sind
mit einer liebe
die ewig halten könnte

sometimes

sometimes i feel like your mother
when you crawl into my arms
on these endless mornings

and then again you seem to me
like my child
when you look at me
with your innocent eyes

sometimes i feel like your sister
when each thing you do is familiar to me
on these endless afternoons

and then again you seem to me
like my enemy
when i hate your for all these
insecure feelings you cause

sometimes i feel like your friend
when we talk about everything and nothing
on these endless evenings

and then again you seem to me
like my hero
when you do things to me
i never expected you to do

but when the night comes
i feel that we are just lovers
with a love that could
last forever

diese nacht für immer

ich kannte dich seit einer ewigkeit
wir trafen uns manchmal
plauderten und lachten
ich fühlte gar nichts für dich
du warst nur einer von vielen

aber in jener nacht
traf ich dich wieder
wie schon tausend mal zuvor
mein herz klopfte schneller
und mein körper zitterte

als ich dir in die augen sah
war es wie ein feuerwerk
meine gedanken
wurden wie in einem wirbelsturm
einfach weggefegt

du hast mich angelächelt
mich gehalten und geküsst
und letztendlich geliebt
in dieser endlosen nacht

zwei nächte später traf ich dich wieder
doch du sahst durch mich hindurch
deine lippen berührten nur die bierflasche
und deine hände hielten nur die zigarette

ich kann dich nicht lieben
mehr sagtest du nicht
und ich legte mich nieder
in der hoffnung auf ein baldiges ende

this night forever

knewing you for a long time
only meeting sometimes
talking and joking
didn´t feel anything for you
just somebody in the crowd

but on that special night
i saw you again
like thousand times before
my blood was rushing
and my body was shaking

as i looked straight into your eyes
it was like a firework
like a hurrican my mind
was blown away

you were smiling
you held me and kissed me
and finally loved me
in this endless night

two nights later i saw you again
but your eyes didn´t see me
your lips only touched the bottle of beer
and your hands only held the cigarette

i can´t love you
was all you said
and i laid myself down
on the ground
in the expectation of my end

nur eine neue liebe

das schwarze loch in meiner seele
das er verursacht und vergessen hat
als er ging
füllte ich zunächst mit tränen
und nun mit einem lächeln an dich

du hast vergessen
deinen computer abzuschalten
letzte nacht bevor wie uns liebten
und das licht im nebenzimmer
ist noch immer an
und blendet mich in den augen

du hast deine brille
auf den staubigen tisch gelegt
und ich legte meine dazu
der erste kuss
war aufregend und neu
doch der nächste
war schon sehr vertraut

danke dafür
dass du mich gefragt hast
ob ich meine zahnbürste hierlassen möchte
ich bin beinahe überwältigt
von deiner stärke
und deinem glauben an uns

doch wenn ich dich nun so ansehe
im morgengrauen
stelle ich nichts neues fest
die realität hat mich wieder
es ist nur eine neue liebe

just one more love

the black hole he caused in my heart
and forgot as he left
i filled in the beginning with tears
and now with a smile for you

you forgot to turn off your computer
last night before we made love
and the light in the livingroom
is still on and shines into my eyes

you put your glasses on the dusty table
and i put mine next to them
the first kiss was exciting and new
with the second one it got familiar

thank you for asking me to leave
my toothbrush in your bathroom
i´m starting to get overwhelmed
by your strength and faith in us

but as i look at you now
at the sunrise
i recognize nothing new
reality broke in again
it´s just one more love

weitermachen auch ohne tränen

während ich hier im morgengrauen sitze
versuche ich
mich an letzte nacht zu erinnern

ich fühle noch immer den geschmack
des rotweines auf meinen lippen
ich höre noch immer die laute musik
in meinen ohren
ich rieche noch immer den zigarettenrauch
an meinen fingern

hast du mich nach hause gebracht?
wer brachte mich ins bett?
war das ein albtraum?
fühle ich schmerz?

seit ich dich kenne zeigst du keine gefühle
und bis letzte nacht dachte ich
du hast gar keine

aber als ich dich weinen sah
in den armen meiner freundin
verschwand die hoffnung
dass du mich jemals lieben würdest
in deinen tränen

deine tränen die ich kaum sah
ich sah auch dein gesicht nicht
fühlte bloß deinen schmerz
und allein das brachte mich fast um

ja ich habe dich angeschrieen
ich habe den stuhl zerschmettert
ich habe zuviel wein getrunken
ich rauchte bis mir schlecht wurde
ich tanzte zu dieser geschmacklosen musik
aber alles nur weil ich es nicht aushielt
dir nahe zu sein

ich versuche wirklich
dein freund zu sein
und all diese phantasien
zu vergessen

aber wenn ich dich sehe
tag für tag
möchte ich dich berühren
halten
küssen
und den geruch
deiner haare einatmen

bitte versuche
mich wie einen freund zu behandeln
kann man wirklich soviel angst davor haben?
vergiss einfach
dass ich dich liebe
und wir können weitermachen
auch ohne tränen

carry on without tears

while sitting here at sunrise
i´m trying to remember what happened
last night

still feeling
the taste of red wine on my lips
still hearing
the loud music in my ears
still smelling
the smoke on my fingers

did you drive me home?
who brought me to bed?
was it a nighmare?
do i feel pain?

you don´t show emotions
since i know you
and until last night i thought
you don´t even have some

but as i saw you crying in my friends arms
my hope that you´ll be able to love me
vanished in your tears

your tears
i hardly saw them
i didn´t even see your face
just felt your pain
and that almost killed me

yes i shouted at you
i trashed that chair
i drunk that much wine
i smoked until i felt sick
i really danced to this fuckin´ music
but all because i couldn´t stand
being close to you

all i´m trying to do
is being your friend
and forget
those longings and desires

but when i see you
day after day
i wanna touch you
hold you
kiss you
and smell the scent
of your long hair

please try to treat me as a friend
can someone be that much afraid?
just forget that i love you
and we can carry on without tears

ankunft

ich sitze im zug
und sehe mir die landschaft an
eigenartige gedanken beschäftigen mich
gedanken an dich

regentropfen fallen in den fluss
und hinterlassen verschmierte streifen
am fenster
tränen laufen über mein gesicht
und hinterlassen narben in meinem herzen

aber wie so der zug langsam dahinfährt
werden der himmel und meine stimmung strahlender
da mich jeder kilometer
näher zu meinen wünschen bringt

ich stelle mir dein gesicht vor
die langen schwarzen haare
die dunkelbraunen augen
deine helle haut und deine zarten lippen
dein geheimnisvoller kuss
und dein stilles geflüster

meine tätowierungen schmerzen
vor sehnsucht nach dir
und wie so die zeit vergeht
frage ich mich
ob du den selben schmerz fühlst wie ich
in deinem körper und in deinem herzen

nun stehe ich am leeren bahnsteig
ich bin erschöpft von der reise
und meiner angst
ich blicke mich verwirrt um
und suche den grund warum ich hier bin

als ich auf dem nassen bahnsteig ausrutsche fühle ich
einen starken arm
der mich festhält
ich sehe die vielen tätowierungen
höre ein sanftes *hallo* und weiß
ich bin am ziel

arrival

sitting here in the train
watching the landscape passing by
strange thoughts come inside my mind
thoughts of you

raindrops are falling down into the river
leaving blurred traces on the windows
teardrops are running down my face
leaving aching scars in my heart

but as the train moves slowly forward
the sky and my mood get brighter
cause every mile i'm passing
brings me closer to my desires

looking at your face pierced in my soul
your black long hair and your darkbrown eyes
your pale white skin and your tender lips
your secret kiss and your silent whisper

my tattoos are aching whilst longing
and as time passes by i'm wondering
if you feel the same pain like me
on your body and also in your heart

then i stand there on the empty platform
exhausted by the travel and my fears
looking around in confusion
searching for the reason why i'm here

as i stumble on the slippy platform
i feel a strong arm covered with tattoos
i hear you mumble softly *hello*
and i know that i finally arrived

dieses lied

seit dem moment des kennenlernens
wusste ich dass du etwas besonderes bist
also versuchten wir keinen einzigen
dieser kostbaren momente zu vergeuden

obwohl wir uns ewige
wahrheit versprochen haben
wissen wir beide
dass alles einmal endet

du hältst mich fest
in diesen endlosen nächten
und ich denke an dich
an jenen endlosen tagen

und manchmal sind wir bloß
überwältigt von unseren gefühlen
und dann sind wir zu erschöpft
um unsere tiefe liebe zu gestehen

aber bitte sei nicht zu stolz
um mir zu sagen du liebst mich
denn vielleicht ist es ja eines tages zu spät

liebe mich heute
und denke morgen an mich
denn jemand da oben
zählt unsere gemeinsamen tage

und alles was übrig bleibt
ist unsere erinnerung
ein wenig liebeskummer
und dieses lied

this song

from the moment i met you
i knew that you´re special
so we tried not to waste
one of these precious moments

although we promised truth forever
both of us know
that everything
has its end

you´re holding me tight
in these endless nights
i´m thinking of you
at those endless days

and sometimes we´re just
overwhelmed by our feelings
then we´re too exhausted
to admit our deep love

but please don´t be too proud
to tell me you love me
because maybe one day it will be too late

so just love me tonight
and think about me tommorrow
cause someone above
counts our days together

and all that remains
is our memory
some heartache
and this song

rathaus

es ist hoch hier verdammt hoch
40 stockwerke
ich kann die ganze stadt überblicken
die vororte verschwinden im nebel und smog

es ist windig hier verdammt windig
eigenartige gedanken schwirren umher
jetzt springen und für immer fallen
warum nicht ... aber noch nicht jetzt
später

plötzlich bist du da
in meinem kopf
meinem hirn
meiner seele
in jeder einzelnen zelle meines körpers
nicht einmal hier oben
kann ich dir entkommen
nicht einmal wenn ich springe
aber ich habe noch zeit
noch ein wenig zeit

warum tust du das?
ja ich weiß es ist nicht deine schuld
mein fehler meine dummheit
kann dich der wind nicht
aus meinen gedanken wehen?
natürlich kann er nicht warum sollte er?

schmerz ist schön
vor allem der eigene
aber irgendwann hört der spaß auf
warum ließ ich meine gefühle nicht in der garderobe
oder zumindest im 37. stockwerk?
ich könnte frei denken ohne diesen schmerz

ja ich weiß ich verurteile dich nicht
nur mich selbst
fliegen ... oder fallen?
aber schlafen und nicht denken
nur sein oder nicht mehr sein
ich gehe jetzt
kommst du mit?

city hall

it's high here fuckin' high
40 floors
i can see the whole city
the suburbs disappear
in the fog and dust

it's windy here fuckin' windy
strange thoughts come inside my brain
jumping now and falling forever
well why not ... but not now
later

suddenly you are here
inside my head
my brain
my soul
in each and every cell
not even here high above
i can escape you
not even if i jump
but i've got time
a little bit more time

why are you doing this?
i know it's not your fault
my mistake my stupidness
can't the wind blow you out of my head?
no of course he can't
why should he?

pain is beautiful
especially to hurt oneself
but somewhere and somehow fun stops
why didn't i let my feelings at the wardrobe or at least
in the 37th floor?
i could think freely
without this pain

yeah i know i don't judge you
just myself
flying ... or falling?
but sleeping and not thinking
just being or not being anymore
i'm leaving now
are you coming with me?

dann bin ich weg

als ich dich fragte ob du bei mir bleiben möchtest
da sagtest du mit einem lächeln
dass du nicht einmal noch
angekommen seist

brachte uns leidenschaft oder zufall zusammen?

wenn ich schon zu jemand gehören muss
möchte ich zu dir gehören
aber du bist jemand der
einen schritt vorwärts macht
und zwei zurück

wie auch immer
du schätzt meine freundschaft
und bewunderst meinen körper
aber nicht zur gleichen zeit
und am gleichen platz

als ich dich nach deinen gefühlen fragte
da sagtest du nur
ich solle meine eigenen gefühle umdrehen
und dann werde ich es wissen

was ich nun wissen möchte
soll ich deine ehrlichkeit bewundern?
oder deine unfähigkeit zu nähebemitleiden?

aber vielleicht auch weder noch
du brauchst nur etwas zeit
um mit deinen gefühlen klarzukommen
und dann kannst du zurückkommen
doch ich bin dann weg

find me gone

as i asked you
d'you wanna stay with me
you told me with a smile
that you even didn't reach me yet

was it passion or coinsidence
that was leading us together?

if i have to belong to someone
i wanna belong to you
but you're one of that kind
that makes one step forward
and two behind

but anyway you appreciate
my friendship and adore my body
but not at the same time and place

as i asked you how you feel
you just told me that
i should turn around my own feelings
and i will know

so what i wanna know now
should i admire your honesty?
or feel sorry for your
unability of nearness?

but maybe neither nor
you just need some time
to notice how you feel
and then you can come back
to find me gone

jemals?

du bist ein ferner name
hinter lila glas geschrieben
ich stehe vor dir
und versuche dich zu lesen
aber nur das zeichen der zeit
schreibt sich hinter mein geistiges auge

letzte nacht flog ich
im himmel
im glück
heute nacht liege ich am boden
mit zerbrochener brille
und gebrochenem herzen

als du mich verlassen hast
und ich hinter dir herrannte
schnitt ich mir mit glasscherben den fuß
und ich fühlte das warme dicke blut
aber nur meine lippen schmerzten
weil du sie nicht geküsst hast

und nun sind die blumen
die du mir an meinem geburtstag gabst
vertrocknet wie mein herz
und staubig wie unsere liebe

hast du jemals meinen schmerz gefürchtet?
hast du jemals meine verzweiflung bedauert?
hast du jemals an meinen hass geglaubt?
hast du jemals in den spiegel gelacht?

hattest du jemals angst
vor meiner einsamkeit?
hat dich jemals mein glück gestört?
haben dich jemals meine gefühle gelangweilt?
hast du jemals wegen deiner kindlichkeit stolz
empfunden?

als ich schließlich bemerkte
dass du mich nur in meiner phantasie liebst war ich so
beschämt
dass ich die erde um eine höhle bat
aber ich musste sie mir selbst graben

meine welt bröckelte auseinander
als ich sie in deine hände legte
habe ich nun das recht
sie unverletzt zurückzunehmen?

mein körper schmerzt ohne deine berührung
meine lippen sind spröde ohne deinen kuss
meine hände zittern
da sie dein gesicht nicht mehr streicheln
meine augen sind blind
da sie nicht mehr in deine blicken können

vielleicht bist du nur ein flackern
in einem dunklen teil meiner seele
aber wenn eine kerze erlöscht
ist die dunkelheit danach tödlicher
als je zuvor

und ich sehe keinen stern
am schwarzen und stillen himmel
der meinen schmerz lindern
oder antworten geben könnte

schatten geboren für die ewigkeit
deren stärke in der stille liegt
was liegt bloss zwischen uns
dass deine seele
nicht mehr meinen schmerz leidet?

die zeit wird kommen
wenn der mond sich verspielt
und dann wirst du hören
wie laut stille sein kann

*sich mit whiskey zu betrinken
ist eine furchtbar geschmacklose art
zu sterben*

ever?

you are a distant name
written under purple glass
i stand infront of you
and try to read you
but only the sign of time
writes itself behind my forehead

last night i was flying
in heaven
in hapiness
tonight i´m lying on the ground
my glasses and heart are broken

as you left me i ran after you
i cut my foot by glass splinters
on the floor
i felt the warm and thicky blood
but the only thing that hurted
were my lips
because you didn´t kiss them

and now the flowers
you gave me on my birthday
are dry as your heart
and dusty as our love

did you ever fear my pain?
did you ever regret my despair?
did you ever believe in my hate?
did you ever laugh into your mirror?

were you ever scared of my loneliness?
were you ever annoyed by my hapiness?
were you ever bored by my feelings?
were you ever proud of your childishness?

as i finally recognized
that you only love me
in my own thoughts
i was so ashamed to ask the earth for a gap
but i had to dig it myself

my world fell into pieces
as i put it in the palm of your hands
do i have now the right
to take it back as a whole thing?

my body is hurting without your touch
my lips are so dry without your kiss
my hands are trembling
without caressing your face
my eyes are blind without meeting yours

maybe you´re just a flickering
in a dark place of my soul
but when a candle dies
the darkness afterwards
is deadlier than ever

and there is no star outside
at this dark and silent sky
to ease the pain inside of me
or bring any answers

shadows born out of infinity
their strength rests in their silence
what is lying between us
that your soul doesn´t suffer
my pain anymore?

time will come
when the moon plays the wrong tunes
and then you will hear
how noisy silence can be

to get drunken with whiskey
is a fucking disgusting way
of dying

bilder von uns

der erste tag des jahres
ist schon wieder hier
noch immer unfähig
die traurige vergangenheit
zu akzeptieren

ich sehe die glückwunschkarte an
und schreibe dir eine nachricht
statt der sonne blendet mich der schnee
statt hass regiert bedauern meine gedanken

ich mache dich nicht verantwortlich
ich verurteile dich nicht
ich bestrafe dich nicht
ich möchte dich nur vergessen

ich sitze vor diesem umschlag
und schicke dir unsere bilder
statt hoffnung
füllen erinnerungen meinen geist
statt verzweiflung
bringt mich der versuch um

dich zu vergessen
dich vergessen
dich nur zu vergessen

momente der vergangenheit
glückwunschkarten im schnee
wolken in meinem kopf
bedauern für meine gedanken
dein lächelndes gesicht
auf diesen bildern

die sonne scheint dir in die augen
ich sehe den ring an deinem finger
und deine hände
die mir so weh getan haben

noch immer
kann ich dich nicht vergessen
ich kann dich nicht vergessen
ich versuche dich zu vergessen
unmöglich dich zu vergessen

deine stimme am anrufbeantworter
so weit weg
so distanziert
so kalt
von einer zeit die lange vorbei ist
auch dir ein schönes neues jahr

wie kann ich dich bloß vergessen
dich vergessen
ich möchte dich doch nur vergessen
dich vergessen
dich
du

pictures of us

the year´s first day
is here at last
still unable to accept
the sorrows of the past

looking at this greeting-card
writing a message to you
instead of sun snow burns my eyes
instead of hate
regrets rule my thoughts

i don´t wanna blame you
i don´t wanna judge you
i don´t wanna condemn you
i just wanna forget you

sitting infront of this envelope
sending our pictures to you
instead of hope
memories fill my mind
instead of despair
this desperate attempt kills me

of forgetting you
forgetting you
just forget you

moments of the past
greeting-cards in the snow
clouds in my head
regrets for my thoughts
your smiling face
at those pictures

the sun glares in your eyes
i can see the ring on your finger
and your hands that
hurted me so much

still i can´t forget you
can´t forget you
try to forget you
unable to forget you

your voice on my answering-machine
so far
so distant
so cold
from a time so long ago
happy new year also to you

how can i forget you
forget you
all i wanna do is forget you
forget you
you

überhaupt keine erinnerungen

und wieder bin ich hier
an diesem ort
diesem ort der erinnerung
erinnerungen sind wichtig
überhaupt nicht wichtig

stille
stille und keine erinnerung
bilder
mag ich nicht mehr sehen
gefühle nicht mehr spüren
schmerzen
schmerz und leid sind wichtig
überhaupt nicht wichtig

zukunft
zielgerichtet
ein ziel
die zukunft
nur zukunft und sonne
keine kälte
keine vergangenheit
vergangenheit und zukunft
sind dasselbe
überhaupt nicht dasselbe

nach hause gehen
schon wieder nach hause gehen
alles zurück lassen
erinnerungen im sand
die vergangenheit vergessen
überhaupt nicht vergessen

memories not at all

and now i´m back again
at this place
this place of memories
memories are important
important not at all

silence
silence and no memories
pictures
i don´t wanna see anymore
feelings
i don´t wanna feel anymore
pain
pain and suffering are important
important not at all

future
purposeful
a goal
the future
just future and sun
no cold
no past
past and future
are the same
the same not at all

going home
going home again
leaving all behind
memories in the sand
forget the past
forget not at all

plötzlich

ich sitze in der u-bahn und denke an nichts
außer an nick cave und seine stimme
in meinem kopfhörer
are you the one that i´ve been waiting for?

plötzlich sitzt du vor mir und schaust aus dem fenster
du denkst an nichts genau so wie ich

deine dunkelbraunen haare und die gelbe sonnenbrille
dieses ekelhafte hellgrüne shirt
die schwarze hose und die schwarzen stiefel

ich kann mich nicht von dir abwenden
ich bin von deiner nähe hypnotisiert
als ob ich dich ewig kennen würde

nick cave singt noch immer
und plötzlich siehst du mich an
und die welt steht still für einen moment
aber momente dauern nicht ewig
das haben sie so an sich

bei der nächsten haltestelle muss ich raus
und du auch
wir nehmen den gleichen aufgang
auf der rolltreppe stehst du hinter mir
ich spüre deinen atem in meinem nacken

draußen im hellen licht
mit hunderten menschen herum
drehe ich mich um und suche dich
aber als das lied in meinem kopf verstummt
bist du verschwunden und ich weiß die antwort

suddenly

sitting in the metro thinking about nothing
except nick cave and his voice in my earphones
are you the one that i've been waiting for?

suddenly there are you sitting infront of me
looking out of the window
thinking about nothing like me

your dark-brown hair and the yellow sunglasses
this disgusting light-green shirt
the black trousers and the black boots

i can't take my eyes off of you
i'm paralized by your nearness
like knowing you for ages

nick cave is still singing
suddenly you look at me
and the world stands still for a moment
but moments don´t last long
that´s not what they are made for

at the next stop i have to leave
and that's what you also do
we take the same exit
at the escalator you're behind me
i can feel your breath in my neck

then outside in the bright light
with hundred people around me
i turn around in search of you
but as the song in my head stops
i find you disappeared and i know the answer

griechische gedanken

greek thoughts

*maybe you dream dreams in which
you can't invite me*

#1

ich gehe durch die engen gassen im morgengrauen
die straßen sind noch immer leer
und ich vermisse etwas – dich
vor einer stunde saß ich am strand
und sah mir den sonnenaufgang an
ich versuchte mich an letzte nacht zu erinnern
als wir uns zum ersten mal trafen

ich höre noch immer deine sätze
choose a star and i'll get it!
d'you wanna visit the moon with me?
can we exchange hearts please?!
aber an einen satz erinnere ich mich am meisten
i'll take you everywhere with me -
if you can see through your heart you will see the entire world!

was meintest du damit?
willst du bei mir sein oder nur mein herz stehlen?
während ich durch die gassen gehe
habe ich angst dich nie wieder zu sehen

als es gestern zeit wurde zu gehen
wurden deine augen so traurig
du sagtest mir dass du mich brauchst
und küsstest mich am hals

langsam beginne ich dich zu vermissen
dein lächeln deinen geruch deine hände
ich sehne mich nach dir und es ziehen wolken auf
schließlich beginnt es zu regnen
und als ich ein auto höre und mich umdrehe
weiß ich bereits dass du gekommen bist
um mich vor der kälte zu schützen

#1

i'm walking through the small streets
in the morning sun
the streets are empty like last night
and something is missing - you
one hour ago i sat on the beach looking at the sunrise
i tried to remember last night when we first met

i still have those sentences in my mind
choose a star and i'll get it!
d'you wanna visit the moon with me?
can we exchange hearts please?!
but there was one phrase i remember most
i'll take you everywhere with me -
if you can see through your heart you will see the entire world!

what did you mean by saying that?
d'you wanna be with me
or just take my heart?
whilst walking through the streets
i'm afraid of never meeting you again

when time came we had to part last night
your eyes grew so sad
you told me you need me and kissed me on my neck

now i´m starting to miss you
your smile your smell your hands
i need you more and the clouds get darker

finally it starts to rain
and as i hear a car and turn around
i already know that you came back
to save me from the cold

#2

denkst du auch noch immer
an vergangene nacht
als wir so taten als wären wir leute
die alles unter kontrolle hätten
leute die wüssten was zu tun sei

wir beide wussten
dass dies unsere letzte nacht
für lange zeit sein würde
und wir wussten auch
dass es unsere erste sein würde

ich trank einige bier
um entspannter zu sein
du rauchtest eine packung zigaretten
um nicht so nervös zu sein

der abend war lustig
mit all unseren freunden
als ich dich berührte
fühlte ich dein verlangen
und du sahst meines
in meinen augen

als wir allein in meinem zimmer waren
war es still
dunkel und heiß
meine hände zitterten und dein körper bebte

wir versuchten abgeklärt zu wirken
als ob es unsere tausendste nacht wäre
doch schließlich hielten wir uns
und weinten vor glück

#2

do you still think about last night
when we pretended to be people
who have everything in their hands
people who know what to do

we both knew that this would be
the last night for a long time
and we also knew
that this would be our first

i drunk some beer
to be more relaxed
you smoked a package of cigarettes
to be not so nervous

the evening was funny
we were out with our friends
as i touched you
i felt your desire
and you saw mine
in my eyes

then we were alone in my room
it was silent
dark and hot
my hands were trembling
and your body was shaking

we tried to act like man and woman
who do that every night
but finally we held each other
and cried in happiness

#3

in der stille der nacht wenn du über dinge erschrickst
die sonst niemand hört oder sieht
möchte ich dich in meinen armen halten
wenn du über das meer fährst
such dir einen stern aus und denke an mich
ich werde am balkon sitzen
und der stern wird mein zimmer erleuchten

warum hast du angst mir dein herz zu geben?
ich werde an dich denken
mit jedem pochen das ich höre
und ja so fühlt es sich an wenn man verliebt ist
wir können nicht wählen
sondern nur auf unser schicksal hören

seit ich nicht mehr an zufälle glaube
führte mich mein weg zu dir
wir haben lange genug gewartet
es ist zeit die wahrheit zu leben

ich möchte keine kitschigen liebeslieder schreiben
doch das ist alles was mir einfällt
aber liebe ist nicht immer romantisch
unser schmerz zeigt mir die realität
vielleicht sollten wir nicht auf ein happy end hoffen
ich wusste das vom ersten moment an
als du meine hand nahmst und sagtest
take care of your heart i already lost mine

nun bist du dort draußen am meer
und arbeitest für menschen mit viel geld
ich bin hier allein am strand
und schreibe kitschige liebeslieder

#3

in the still of the night
when you get surprised
by things no one else can see
i wanna hold you in my arms
when you are there on the sea
choose a star and think of me
i will sit on the balcony
and the star will light my room

why are you afraid to give me your heart?
i will think of you with every beat i can hear
and yes that's what it means to be in love
we cannot choose
just listen to our fate

since i don't believe in coincidences
my way was leading to you
we've been waiting long enough
the time is nigh to realize the truth

i don't wanna write kitschy lovesongs
but that's in my mind while thinking of you
though love is not alsways romantic
our pain shows my reality
maybe we shouldn't pray for a happy end
i knew that from the very moment
when you took my hand saying
take care of your heart i already lost mine

now you're there outside on the sea
working for people with money
and i'm all alone here on the beach
writing just kitschy lovesongs

#4

nun bin ich zurück
in dieser kalten und regnerischen stadt
und denke zurück an die sonnigen tage
die ich mit dir verbrachte
alles was jetzt noch zählt
ist das läuten des telefons
und deine stimme die sagt
i'm still here
i'm still thinking of you
and i'm still in love with you

mit deiner stimme
kommt die sonne zurück in mein herz
mit deinem lächeln
werden meine augen wieder leuchten
mit deiner liebe
machst du mich wieder lebendig

wirst du mich fragen
ob ich noch immer soviel rauche?
wirst du mich fragen
ob ich noch immer soviel bier trinke?
wirst du mich fragen
ob ich noch immer einen sonnenbrand habe?
aber die einzige antwort von mir ist jene
auf die frage
ob ich wieder zurück komme

ja ich komme zurück
um die sonne in deinen augen zu sehen
um den geschmack deiner haut zu spüren
um deine hände an meinem herzen zu fühlen

nur noch drei wochen hier in dieser regnerischen stadt
drei wochen um zuviel zu rauchen
drei wochen um zuviel bier zu trinken
drei wochen bevor ich wieder leben darf
ich sollte besser aufhören an dich zu denken
und zum telefon gehen
denn es läutet

#4

now i'm back again
in this cold and rainy town
just thinking about the sunny days
i spent with you last week
all that matters to me now
is the ringing telephone
and your voice saying
i'm still here
i'm still thinking of you
and i'm still in love with you

with your voice
the sun will come back inside my heart
with your smile
my eyes will shine again
with your love
you make me live again

will you ask me
if i still smoke that much cigarettes?
will you ask me
if i still drink that much beer?
will you ask me
if i still have this sunburn?
but the only answer i'll give you is
when you ask me if i come back

yes i will come back
to see the sun in your eyes
to taste the smell of your skin
to feel your hands on my heart

but anyway just three more weeks
to be in this rainy town
three more weeks to smoke
too much cigarettes
three more weeks to drink too much beer
three more weeks before i can live again
i should better stop thinking about you
and lift up the receiver
because the telephone is ringing

#5

ich dachte nicht dass ich jemals
zu verwirrt sei um ein gedicht zu schreiben

ich dachte nicht dass ich jemals
in solch einer verzweifelten stimmung sein würde

nun ist der moment gekommen
wo alles dazu bestimmt ist zu enden

meine hoffnungen
meine sehnsüchte
mein verlangen
meine wünsche
meine träume
meine gefühle
meine seele
mein herz

die tage scheinen wohl
nie zu vergehen
und das einzige das bleibt
ist absolute leere

ich habe hart dafür gekämpft
dich nicht zu verlieren
aber vielleicht
auch fast gar nicht

ich kann mich an keine einzige
traurige minute mit dir erinnern
die furchtbare zeit
verbrachte ich immer allein

#5

i never thought that i could be
too confused to write a poem

i never thought that i would be
in such a desperate mood

now is happen
to be the moment
when everything
is meant to die

my hopes
my longings
my desires
my wishes
my dreams
my feelings
my soul
my heart

and as the days
seem to never end
the only thing remains
is absolutely emptiness

i tried hard to keep you
or maybe just hardly

i can't recall
one sad minute with you
the terrible times
i always spent alone

#6

ich sitze wieder in der bar wie schon so oft
neben dir wie schon so oft
es sind noch immer starke gefühle in mir
aber sie haben sich verändert
diese reine liebe für dich
hat sich in unbeschreiblichen ärger verwandelt

du lächselst und lachst wie schon so oft
du bist hier mit deinen sogenannten freunden
du trinkst whiskey wie noch nie zuvor
du trägst dein grünes shirt wie schon so oft

aber dieses mal siehst du mich nicht an
dieses mal hältst du nicht meine hand
dieses mal lädst du mich nicht auf einen drink ein
dieses mal sagtest du *sorry* wie nie zuvor

ich will dich nicht hassen
ich will dich nur verstehen
aber es ist so schwer für mich
deinen dummen stolz zu verstehen

was passierte mit mir
deinem stern deinem herz deinem leben?
mein nettes von dir geliebtes lächeln
verwandelte sich in eine absurde maske
aus traurigkeit und verzweiflung

aber wie auch immer leben ist kunst
und kunst verändert sich mit der zeit
und deshalb weiß ich
dass ich darüber hinwegkommen werde
wie schon so oft

#6

sitting in this bar again like so many times before
next to you like so many times before
strong feelings still inside of me
but they changed
this pure love for you
has turned into nameless anger

you are smiling and laughing
you're here with your so-called friends
you are drinking whiskey like never before
you wear your green t-shirt like so many times before

this time you don't look at me
you don't take my hand
you don't invite me for a drink
you said *sorry* like never before

i don't wanna hate you
just understand you
but it's too hard for me
to understand your stupid pride

what happened to me
as your star your heart your life?
my nice smile you loved so much
has turned into an absurd mask
of sorrow and despair

but anyway life is art
and art changes with the time
and that's why i know i will get over it
like so many times before

#7 (fragmentarisch)

das ist die letzte zigarette
ich muss aufstehen
und neue holen
dann zurück ins bett

das bett
ich habe die laken seit
einigen wochen nicht gewechselt
sie sind nass
dieser bittersüße schweiß

ein schluck wasser
mein letztes glas
keine chance
etwas zu trinken zu bekommen
ich kann so nicht raus

ich starre aus dem fenster
und an die nackten weißen wände
gestern tötete ich eine kakerlake
hier ist sie schon wieder

...

#7 (fragmentary)

this is the last cigarette
i have to go up
and get another package
then back to my bed

this bed
i changed the blankets
some weeks ago
they are wet
all this bittersweet sweat

one more sip of water
it's my last glass
no way to get something to drink
i can't go outside like this

staring out of the window
and at the empty white walls
yesterday i killed a cockroach
here it is again

...

#8

während ich hier sitze
und meine geburtstagstorte esse
denke ich
dass ich mich
in den letzten wochen fühlte
als ob ich in ein meer fiel
ein dunkles
kaltes
stürmisches meer

ich sah immer zwei inseln am horizont
und ich schwamm zwischen ihnen
wenn ich eine erreichte
wollte ich zur anderen
und wenn ich die andere erreichte
kehrte ich um
und schwamm zur ersten zurück

während ich hier liege
und eine zigarette rauche
denke ich dass ich immer müder dabei wurde
und schließlich
untergegangen bin

plötzlich zog mich jemand hoch
und ich konnte wieder atmen
ich sah die sonne wieder
und wusste wo ich hin musste

ich sagte der einen insel *goodbye*
und machte mich auf den weg zu dir
in diesem meer der liebe
und sünde

#8

whilst sitting here and
eating my birthday-cake
i'm thinking about
that in the last few weeks
i felt like drawning into a sea
a dark
cold
stormy sea

i always saw two islands
and i was between them
when i reached one
i thought that the other one's better
and made my way there
but when i reached that one
i turned around and went back

whilst lying here and
smoking a cigarette
i'm thinking about
that i got more and more tired by doing so
and finally i found myself
deep under the waterline

suddenly something pulled me up
and i could breathe again
i saw the sun again
and i knew where i had to go

i said good-bye to the one island
and made my way to you
in that sea of love
and sin

#9

ich stehe völlig neben mir
und kann nicht schlafen
ich warte auf dich
dabei hatte ich nur
vier whiskey
und warte trotzdem auf dich

ich versuche zu schreiben
aber ich bin kein genie
denn genies schreiben genial
wenn sie betrunken sind

alles was mir einfällt
ist auf dich zu warten
während ich auf dich warte
und du nicht kommst

weil du viel zu dumm bist
um einzusehen
dass ich gut für dich bin
zumindest wenn ich
nüchtern bin

#9

i´m absolutely confused
and can´t sleep
i´m waiting for you
i only had four whiskey
and even though
i´m waiting for you

i´m trying to write something
but i´m not a genius
cause genius write ingeniously
when they are drunken

all that comes in my mind
is to wait for you
whilst waiting for you
and you don't come

cause you are too stupid
to recognize
that i´m good for you
at least when i´m sober

#10

wie kann ich dich vergessen
wenn ich jeden abend deine freunde treffe?

wie kann ich dich vergessen
wenn mich jeder nach dir fragt?

wie kann ich dich vergessen
wenn jedes zweite auto deinem ähnlich sieht?

wie kann ich dich vergessen
wenn jeder dritte typ
das gleiche t-shirt trägt?

wie kann ich dich vergessen
wenn jeder vierte typ deinen namen trägt?

wie kann ich dich vergessen
wenn ich *johnny be goode* in jeder bar höre?

wie kann ich dich vergessen
wenn ich immer noch
im gleichen bett schlafe?

wie kann ich dich vergessen
wenn du jede nacht an meine tür klopfst?

wie kann ich dich vergessen
wenn ich sie immer wieder für dich öffne?

#10

how can i forget you
when i meet your friends everywhere?

how can i forget you
when everybody asks me about you?

how can i forget you
when every second car looks like yours?

how can i forget you
when every third guy wears the same t-shirt?

how can i forget you
when every fourth man is called as you?

how can i forget you
when i hear *johnny be goode* in every bar?

how can i forget you
when i still sleep in this bed?

how can i forget you
when you knock on my door every night?

how can i forget you
when i still open it for you?

ein kuss zählt mehr als eine träne

1

nun bin ich wieder zurück
es ist wie ein traum
und schmerzt wie ein albtraum
dir wieder nahe zu sein

ich flog 2000 kilometer
um von erinnerungen umgeben zu sein
nur um dich zu vergessen
ich habe dich hier nicht erwartet

heute nacht hat sich etwas geändert
sie sagen du seist noch immer hier
du kannst jeden moment vorbeikommen
und ich verliere mich schon wieder

ich dachte damit umgehen zu können
ich hoffte stark genug dafür zu sein
ich wusste ich bin es nicht
es ist zeit die wahrheit zu akzeptieren

du bist also noch immer
in deinem kindischen gehabe gefangen
genau wie ich in meinen
optimistischen hoffnungen

ich stelle mir dich vor
wie du ohne mich zu beachten
durch die straße gehst
mich siehst und plötzlich lächelst
nur um zu deiner steinernen miene
zurückzufinden

einmal mehr diese verwirrung
in meinem kopf
all dieser verursachte schmerz
kommt zurück und tut schon wieder weh

warum lässt du mich nicht in ruhe?
warum vergesse ich dich nicht einfach?
vielleicht ist es bloß eine frage der zeit
du weißt ja nicht einmal dass ich hier bin

heute regnet es das erste mal seit mai
die gesichter der leute sind nass
weinen sie vor glück
oder weil der sommer vorüber ist?

die erinnerungen verschwimmen
und der schmerzende hass des sommers
wird zu einem schatten
von verlorenen träumen
und vergessenen traurigkeiten

ich fühle deine nähe erneut
es fühlt sich an
als seist du bloß zehn sekunden
von mir entfernt

ich sehe dich über die straße kommen
du erreichst die bar
siehst mich an
hältst mich küsst mich liebst mich

aber natürlich ist das nur meine vorstellung
und mein siebentes bier
du weißt nicht einmal
dass ich hier bin

vielleicht hast du
deine angewohnheiten geändert
vielleicht magst du diese bar gar nicht mehr
vielleicht trinkst du nicht mehr
vielleicht kannst du mich dieses mal lieben

gib mir nur eine chance
um zu sehen was passiert
und ob ich besser hoffen soll
oder vergessen

kommst du nicht weil du nicht weißt
dass ich hier bin?
oder willst du nicht kommen
weil du weißt dass ich hier bin?

2

nun bist du also hier
meine hände zittern
ich kann kaum schreiben
warum dachte ich bloß
du hättest dich verändert?

ich kann diese nacht kaum beschreiben
war ich wirklich so betrunken
oder war es deine nähe
die mich erneut so irritierte

ich kann mich daran erinnern
in deinem auto gesessen zu haben
du fragtest mich
ob ich mit dir schlafen möchte
ohne die worte making love zu benutzen
und dann hatten wir am rücksitz sex

es fühlte sich nicht verboten an
oder als ob es nicht sein sollte
es war ganz normal
es fühlte sich gut an
ich fühlte mich dir näher als je zuvor

3

ich liege nun im bett viele stunden später
und sehe in die abendsonne
ich weiß es hat sich nichts verändert
ich bin noch immer das kleine dumme mädchen

ich traf heute die liebe meines lebens
er bat mich zu ihm zurückzukehren
doch ich kann mich
an diese liebe nicht erinnern

ich kämpfte so oft um deine liebe
und ich habe sie noch immer nicht
nun schwirren die gedanken
durch mein gehirn und meine seele

du kamst letzte nacht nicht zum treffpunkt
war ich wirklich so naiv um zu warten?
glaubte ich du hättest dich verändert
und wärst nun ein mann wert ihn zu lieben?

du sagtest du wolltest mich vergessen
du sagtest du berührtest keine andere frau
du sagtest ich sollte wissen
wie sehr du mich vermisst hast
und noch immer liebst

aber alles was ich weiß ist
dass ich mich umbringe wenn ich dich liebe
ich tue mir selbst weh wenn ich dich berühre
trotzdem sehne ich mich nach deiner liebe

ohne an die konsequenzen zu denken
ohne an irgend etwas zu denken
außer wie es sich anfühlt
so schmerzlich in dich verliebt zu sein

4

ich hörte du kamst letzte nacht
eine stunde nachdem ich gegangen war
kamst du so spät weil du dachtest
ich warte nicht so lange?

oder kamst du so spät
weil du dachtest ich warte ewig auf dich?
oder dachtest du überhaupt nicht?
wie schon so oft

in all diesen einsamen stunden
glaube ich die einzige zu sein
die ihre hand ausstreckt
und dich bittet sie zu nehmen

du fährst mit deinem auto vorüber
siehst mich an und bleibst nicht stehen
es ist wohl weniger schmerzhaft für mich
mir die hand abzuhacken
als sie dir zu reichen

eine nacht später
fandest du den weg zurück in meine arme
du warst betrunken und stoned
aber wer war das nicht letzte nacht?

wir waren aus so wie jedes mal
tranken rauchten scherzten
ich war eifersüchtig auf jedes mädchen
und du auf jeden deiner freunde

aber am ende des abends
waren wir allein
wir hielten und liebten uns stundenlang
in jenem unbewohnten hotelzimmer

ich erinnere mich an diese
zehn stillen minuten
als du sagtest
i love you
glaubst du an deine eigenen worte?

du sagtest mir
du hättest das herz eines kindes
und ich kann dir sagen
das wusste ich bereits

aber ist nicht die liebe eines kindes
unschuldig und rein
die art von liebe die ewig hält?
ich hoffe noch immer auf ein happy end

5

wieder eine nacht später
waren wir schon wieder aus
wir tranken und lachten in der bar
wie schon so oft

aber du hattest keine angst
dich zusammen mit mir zu zeigen
oder ist es nur eine frage der zeit
bis du deine dummen angewohnheiten
wieder zeigst?

du sahst all die mädchen in der bar an
aber als dein blick mich traf
war da viel mehr in deinen augen
und du fühltest es auch

du willst nicht über die zukunft reden
du willst nicht mal daran denken
deshalb versuchst du immer wieder
dich völlig volllaufen zu lassen

aber du solltest besser wissen
dass du mich damit sehr traurig machst
denn ich will dich glücklich machen
und nur betrunken mit meiner liebe

und da ist noch immer
dieses ungewollte warten in mir
auf die zeit wenn ich dich verliere
verlass mich nicht

ich glaube fest an uns
probiere es einfach und bleib dran
an diesen gefühlen tief in dir drinnen
in deinem kindlichen und schwachen herzen

letzte nacht musste ich weinen
und du fragtest mich warum
ich sagte ich sei bloß glücklich
und du fragtest *are you sure?*

dann hast du mich gehalten
und ich spürte deinen körper
so nah
warm
verletzlich
wie er mich ganz umschloss

was auch immer in dieser
ungewissen zukunft geschieht
ich danke dir auf ewig
für dieses gefühl

6

warum hast du mir das angetan?
warum hast du all mein vertrauen zerstört?
warum all meine träume getötet?
warum lässt du es zu dass ich so müde bin?

warum kamst du nicht zu unserem treffpunkt?
wenn du mir all dies antust
bin ich zu schwach um dich zu lieben
und nur leere füllt meine seele

nun hast du mich in die arme
eines anderen mannes getrieben
und nicht nur irgendeines mannes
sondern die liebe meines lebens

obwohl ich ihn nicht mehr so liebe wie zuvor
kann ich mich auf ihn verlassen
bei ihm fühle ich mich glücklich
und geborgen
jedes mal wenn er bei mir ist

du gabst mir die kraft ihn zu verlassen
als ich dachte ich brauche ihn nicht mehr
dann hast du dich wie ein idiot benommen
und er hat sich wieder einmal
um mich gekümmert

ich verurteile dich nicht dafür
es ist nur so wie es ist
ich kann nur einen vergessen
wenn ich in den armen eines anderen liege

als ich an diesem abend
seine dunkelbraunen augen verließ
war ich voller hoffnung
diese vergessene liebe wieder
zu entdecken

7

aber heute abend am telefon
sagtest du mir du wärst krank
und deshalb nicht gekommen
und ich glaubte dir schon wieder

denn du bist kein lügner
du denkst nur manchmal einfach nicht nach
du lebst von heute auf morgen
wie die wellen im meer

wie diese wellen hast du mich überschwemmt
mit liebe und nähe und trauer
aber du bist auch so schwach und verletzlich
wie niemand sonst den ich kenne

wie saßen in deinem auto
und hörten uns liebeslieder an
du sagtest
please don´t say anything

und auch sätze wie
if you don't play i don't play
i don't forget you cause you don't forget me
i know that you know that i love you

aber was soll ich bloß machen
wenn du nicht weißt was liebe bedeutet?
wenn du nicht weißt was zukunft bedeutet?
wenn du nicht weißt wer du bist?

du hast versprochen dich mit mir zu treffen
heute nachmittag in der bar
wenn du nicht kommst rufst du an
das sagtest du zumindest

also bitte zeig es mir
um meine entscheidung zu vereinfachen
soll ich zu ihm zurück
oder mich in dir verlieren?

muss ich wirklich meinen stolz
meine seele und meine kontrolle verlieren
um einen kuss von dir zu schätzen
ich glaube das geschieht nur in liedern

trotzdem bedaure ich überhaupt nichts
all diesen schmerz den du verursacht hast
wiegt viel weniger als deine liebe
ein kuss zählt mehr als eine träne

aber ich bevorzuge ersteres
und wenn du es probieren würdest
bin ich sicher dass du eines tages
meine seele und nicht nur meinen körper
befriedigen könntest

8

gestern fand ich heraus
warum ich keine entscheidung treffen kann
du bist die dunkle und stille nacht
und er ist der helle und warme tag

man kann sich nicht entscheiden
entweder am tag oder in der nacht zu leben
man muss durch das eine durch
um das andere zu schätzen

ich sitze hier in der bar
die mir so vertraut ist wie mein bett
ich warte auf dich und fühle mich dumm
und klein wie der schatten deines herzens

ich kann nicht glauben so schwach zu sein
um meine energie mit warten zu vergeuden
ich kann nicht glauben so stark zu sein
um noch immer die kraft dazu zu haben

ich habe dich gerade angerufen
und dich natürlich aufgeweckt
was soll ich nun denken?
sollte ich traurig sein oder böse?

normalerweise bist du wütend
wenn ich dich daheim anrufe
weil mich deine mutter hasst
so wie alle freundinnen ihrer söhne

aber jetzt warst du süß und schläfrig
und glücklich mich zu hören
wir haben ein date heute abend
und das leben geht weiter
weiter und weiter

bitte vergiss mich nicht solange ich hier bin
du wirst es früh genug
wenn ich weit weg von der sonne bin
dann wird es mich früh genug schmerzen

warum fühle ich diesen schmerz?
warum ist mein geist so verschwommen?
warum ist mein herz so schwer?
warum glaube ich euch beide zu lieben?

als ich ihn verließ warst du da
und ich vergaß ihn beinahe
aber er war immer in meinem herzen
nun liebe ich ihn wie zuvor

aber du hast dich wirklich verändert
dieses mal glaube ich an deine liebe
ich kann ihn nicht noch einmal verletzen
ich kann dich nicht verlassen

ich laufe immer weg von entscheidungen
ich dachte immer ich kann mich verstecken
ich weiß es ist für keinen von euch fair
aber was ist schon fair?

dich zu beschuldigen
bringt keine antworten
und die zeit vergeht zu schnell
ich weiß ich kann euch nicht beide halten
aber wen muss ich aufgeben?

9

letzte nacht warst du so nüchtern
in deinem herzen deinem geist deinem körper
du hast dich nicht mehr wie ein kind verhalten
etwas ernstes lag in deinen augen

du sagtest in einem monat
verlässt dein schiff den hafen
aber wo auch immer du bist
du wirst nicht vergessen
dass ich tief in deinem herzen bin

wenn du deine augen öffnest
und die zukunft siehst
dann wirst du traurig
wenn du deine augen schließt
und an mich glaubst
dann werde ich dich lieben

was habe ich dieser kleinen insel getan
dass sie mir soviel schmerz bringt?
alles was ich hier wollte ist glücklich sein
und alles was ich bekam
war salz in meinen wunden

mit jeder minute die du zu spät kommst
gebe ich ihm einen kuss
bis all die zeit die ich auf dich warte
mit liebe zu ihm gefüllt ist

muss ich all diesen schmerz ertragen
oder ist es mein wunsch nach verzweiflung
der mich immer wieder zu dir zurück führt
weil du das messer in händen hältst

und es in mein blutendes herz stichst
jedes mal wenn ich die augen schließe
bis ich nur mehr fähig bin
dich zu hassen wie ich dich einst liebte

ich kann nicht glauben was passiert ist
war ich wirklich zu müde dich zu treffen?
ich ging heute nacht früh zu bett
und verschwendete keinen gedanken an dich

nun bist du also schon wieder krank
seit zwei tagen
zumindest sagtest du das am telefon
aber ist nicht mein unglaube daran
ein zeichen für verschwindende liebe?

du fandest wieder einmal
den weg in mein herz und meinen körper
ich ließ dich hinein wie eine krankheit
die mich mit leben und tod füllt

du sagtest ich sei die erste frau
in deinem leben
die so verrückt nach dir sei
und darum werde ich immer
wichtig für dich sein
aber wirst du es auch immer für mich sein?

mit jedem kuss von dir
weiß ich dass er nicht mein schicksal ist
und ob du nun bei mir bleibst oder nicht
ertrage ich den schmerz ihn zu verlieren

heute sagte ich ihm am telefon
dass ich ihn nicht treffen kann
er wurde verrückt
am anderen ende der leitung
und mein schmerz war
mein schmerz
schmerz

er ist mir noch immer so nah
wenn ich seine stimme am telefon höre
jedes seiner worte macht mich glücklich
aber ich kann ihm nicht in die augen sehen

10

letzte nacht war so wie viele andere
außer dass wir ohne deine freunde waren
ich bat dich allein zu kommen
und du tatest es auch
die traurigkeit in deinen grünen augen tötete mich fast

noch einen tag und eine nacht
der tag ist fast vorüber
ich bin zu irritiert und erschöpft
um zu denken
wo bist du wenn ich dich brauche?

ich bin zu müde um zu warten
zu telefonieren
und in deinem dorf herumzufahren
während ich dich so schrecklich vermisse
und du mit der sonne verschwindest

wie einen traum
konnte ich dich nicht erzwingen zu kommen
und ich konnte dich nicht
anflehen zu bleiben
ich möchte dich nie wieder sehen
hoffentlich werde ich

nun da du so weit weg bist
bin ich mir selbst so nahe

a kiss counts more than a teardrop

1

now i am back again
it looks like a dream
and hurts like a nightmare
being around you again

i flew more than thousand miles
to be surrounded by memories
just to forget you
i didn´t expect you here

tonight something changed
i heard you´re still here
you could pass by every moment
and i loose myself again

i thought i could handle this
i hoped i´m strong enough
i knew i´m not
it´s time to face the truth

so you are still in this cage
of your infant habits
and i´m still in this cave
of my optimistic hopes

i imagine you walking by
first you don´t recognize me
but then comes a smile on your face
only to turn cold as stone again

once more this confusion
rushes around in my head
all this pain you caused
comes back and hurts again

why can´t you leave me alone?
why can´t i forget you?
maybe it´s just a question of time
you don´t even know that i´m back

tonight it´s rainig
the first time since may
all the peoples faces are wet
are they crying of hapiness
or that the summer is nearly over?

the memories fade away
and the pain of summers hate
turns into an abstract shadow
of lost dreams and forgotten sorrows

here it comes again
this feeling of your nearness
it seems that i´ll meet you
in the next ten seconds

to see you across the street
come inside the bar
recognize me
hold me kiss me love me

but of course it´s just
my imagination
and my seventh beer
you don´t even know that i´m here

maybe you changed your habits
maybe you don´t like this bar anymore
maybe you don´t drink anymore
maybe you´re able to love me this time

just give me a chance
to see what will happen
if it´s better to hope
or to forget

don´t you come because
you don´t expect me here?
or won´t you come because
you know that i´m here?

2

so here you are
my hands are shaking
i can hardly write these words
but why did i think you´ve changed?

i can scarcely describe last night
was i that drunken
or was it your nearness
which confused me again

i can recall sitting in your car
you asked me to sleep with you
without using the words making love
and then we had sex on your backseat

it didn´t feel forbidden
or something that shouldn´t be
it was so normal and it felt so good
i felt so close to you like never before

3

lying in my bed now many hours later
looking at the evening sun
i notice that nothing changed
i´m still that stupid little girl

i met today the love of my life
he asked me to come back to him
but i´m not sure if i can
recall this love again

i fought so many times for your love
still it seems i don´t have it
and now thoughts are rushing
in my mind and fading in my soul

so you didn´t show up last night
was i really so naive to wait for you?
did i think you´re a new person?
a man who´s worth loving?

you said you tried to forget me
you said you didn´t touch another girl
you said i should know how much
you missed me and still love me

but all i know is that
i kill myself when i love you
i hurt myself when i touch you
and even so i´m longing for your love

without thinking about the consequences
without thinking about anything
except how it feels to be
so painfully in love with you

4

i heard you showed up last night
one hour after i left
did you come that late cause you knew
i´m not waiting so long?

or did you come cause you hoped
i´m still waiting for you?
or didn't you just think at all?
like so many times

in hours like these when i´m alone
i think i´m the only one
who holds out the hand
asking you to take it

then you pass by with your car
looking at me without stopping
i think it´s less painful for me
to cut off my hand than to take yours

one night later you found
the way back into my arms
you were drunken and stoned
but who was it not last night?

we were out like every time
drinking smoking joking
i was jealous of those girls
you were jealous of your friends

but at the end of the evening
we were alone
holding and loving each other
for hours in that empty room

i remember those ten silent minutes
when your words broke in saying
i love you
do you believe in your own words?

you told me you´ve got
the heart of a child
and i can tell you
i knew that before

but isn´t the love of a child
innocent and pure
the one which lasts forever?
i´m still praying for a happy end

5

again one night later
we were out with your friends
drinking and joking in the bar
like so many times before

but you were not afraid
to be seen with me
or is it just a question of time
until you show your stupid habits again?

you looked at those girls in the bar
but when you looked at me
there was something more in your eyes
and you felt it too

you don´t wanna talk about the future
you don´t even wanna think about it
that´s why you try to get
as drunken as possible every night

but you should better know
that you hurt me so much with that
i want to make you happy
and only drunken with my love

still there is this
unwanting waiting inside of me
for the time when i lose you
don't let me down

i believe that this could last
just give it a try and hold on
to these feelings you have deep inside
of your infant and weak breast

last night i had to cry
and you asked me why
i said i´m just happy
and you repeated *are you sure?*

then you held me
and i felt your body
so close
warm
vulnerable
surrounding me everywhere

whatever will happen
in this unknown future
i will thank you
for that feeling forever

6

why did you do this to me?
why did you destroy all the trust i had?
why did you kill all my dreams?
why do you make me feel so tired?

why didn´t you show up last night?
when you do all this to me
i´m getting too exhausted to feel my love
just emptiness fills my soul

now you pushed me
into another one´s arms
but he´s not someone in the crowd
he was the love of my life

although i don´t love him like before
i´m sure he´ll never let me down
he makes me feel happy and content
everytime he surrounds me

you gave me the strength to leave him
when i thought i don´t need him anymore
then you acted like a fool
and he took care about me one more time

i don´t judge you for that
it´s just the way of life
that i can only forget somebody
in the arms of someone else

when i left his darkbrown eyes
this evening with the ship
i was fulfilled with hope
to recall this forgotten love

7

but tonight you told me on the telephone
you were sick
that´s why you didn´t come last night
and i believed you again

cause you´re not a liar
you just don´t think sometimes
you live from one day to the other
like the waves on the sea

like those waves you overflooded me
with love and nearness and despair
but you´re also so weak and vulnerable
like nobody else i knew before

we sat in your car
listening to lovesongs you like
you said to me
please don´t say anything

and also you said words like
if you don´t play i don´t play
i don´t forget you cause you don´t forget me
i know that you know that i love you

but what can i do with you
if you don't know what love is?
if you don´t know what future is?
if you don´t know who you are?

you promised to meet me
this afternoon in the bar
if you don´t come you´ll call me
at least that´s what you said

so please show me the truth
and ease my decision
to go back to him
or lose myself in you

do i really have to lose my pride
my soul and my control
just to treasure one kiss
i guess that happens only in songs

still i don't regret a single thing
all this pain you caused
counts less than your love
a kiss counts more than a teardrop

but i prefer the former
so if you give it a try
i'm sure one day you will be able
to content my soul and not just my body

8

yesterday i found out
why i can't make a decision
you are the dark and silent night
and he is the bright and warm day

you can't decide to stay
just in daylight or darkness
you have to go through one
to treasure again the other

so i'm sitting here in this bar
which is familiar like my bed
waiting for you and feeling stupid
and small like the shadow of your heart

i don't believe that i'm that weak
to waste my energy with waiting
i can't believe that i'm that strong
that i've still got some power for it

i just called you
and of course i woke you up
what should i think now?
should i be sad or angry?

usually you shout at me
when i call you at your house
cause your mother hates me
like all her sons girlfriends

but now you were so sweet and sleepy
and happy to hear me
so we have a date tonight
and still life goes on and on and on

please don't forget me while i'm here
you will do it early enough
when i'm far away from the sun
then it will hurt me soon enough

why do i feel all this pain?
why is my mind just one big blur?
why is my heart so heavy and painful?
why do i think i love both of you?

when i left him you were here
and i already forgot him
but he was always present in my heart
now i love him like before

but you really changed
this time i believe in your love
i can't hurt him once more
i can't leave you

i always run away from decisions
i always thought i can hide
i know it's not fair for both of you
but what is fair anyway?

blaming you don't bring any answers
and time is running too fast
i know i can't keep both of you
but which one do i have to give up?

9

last night you were so clean
in your heart
your mind
your body
you didn't act like a child anymore
something serious was in your eyes

you told me in one month
your ship leaves to the sea
but wherever you are you'll never forget
that i'm deep inside of your heart

when you'll open your eyes
and see the future
then you will get sad
when you'll close your eyes
and believe me
then i will love you

what have i done to this small island
to cause me so much pain?
all i ever wanted here is being happy
and all i got is salt in my wounds

with every minute you come too late
i will give him one kiss
until all the time of waiting for you
is filled in with loving him

do i really have to feel all this pain
or is it just my desire for despair
that always leads me back to you
cause you've got the knife in your hand

and you pull it in my bleeding heart
everytime i close my eyes
until i will only be able
to hate you like i loved you before

i can't believe what happened
was i really too tired to meet you?
i just went to bed early that evening
and didn't waste a minute with longing

so you are sick once more since two days
at least that's what you told me
on the phone
but isn't my unfaithfullness in you
a prove for disappearing love?

you found again the way inside
my heart and my body
i let you in like a disease
which fills me with life and death

you told me i'm the first girl in your life
who's that much crazy for you
and that's why i'll be always special to you
but will you always be special to me?

with every kiss you give me
i know that he is not my fate
and if you'll stay with me or not
i'll suffer the pain of losing him

today i told him on the phone
that i'm not able to meet him
he went crazy on the other side of the line
and my pain was
my pain
pain

he is so close to me still
when i hear his voice
on the phone
every word he speaks
makes me feel good
but i´m not able
to look into his eyes

10

last night was like so many before
except that we were without your friends
i asked you to come alone and you did
your sad green eyes almost killed me

one more day and one more night
the day is nearly over
i'm too confused and exhausted to think
where are you when i need you?

i'm just too tired of waiting
of calling
and driving around in your village
whilst longing so painfully for you
and you disappear with the sun

like a dream i couldn´t force you to come
and i also couldn´t implore you to stay
i don´t want to meet you again
hopefully i will

now that you are far away
i can find myself so near

ich danke all meinen unerfüllten sehnsüchten dafür
mir inspiration und muse zu sein

ich danke den menschen denen ich begegnen durfte
dafür dass sie unterschiedlicher nicht sein konnten
und dass ich von jedem etwas lernen konnte

ich danke meinen engsten vertrauten dafür
nie den glauben an mich verloren zu haben
ihr wisst wer gemeint ist

und vor allem danke ich dave